GESTÃO PÚBLICA E SAÚDE

RICARDO DE OLIVEIRA

GESTÃO PÚBLICA E SAÚDE

FGV EDITORA

Direitos desta edição reservados à
FGV EDITORA
Rua Jornalista Orlando Dantas, 9
22231-010 | Rio de Janeiro, RJ | Brasil
Tels.: 0800-021-7777 | 21-3799-4427
Fax: 21-3799-4430
editora@fgv.br | pedidoseditora@fgv.br
www.fgv.br/editora

Impresso no Brasil | *Printed in Brazil*

Os conceitos emitidos neste livro são de inteira responsabilidade do autor.

1ª edição: 2020

Preparação de originais: Aline Duque Erthal
Editoração eletrônica: Abreu's System
Revisão: Adriana Alves | Fatima Caroni
Capa: Estúdio 513

Dados internacionais de Catalogação na Publicação (CIP)
Ficha catalográfica elaborada pelo Sistema de Bibliotecas/FGV

Oliveira, Ricardo de
Gestão pública e saúde / Ricardo de Oliveira. – Rio de Janeiro: FGV Editora, 2020.
168 p.

Inclui bibliografia.
ISBN: 978-65-5652-018-6

1. Saúde pública – Administração – Brasil. 2. Política de saúde – Brasil. 3. Políticas públicas – Brasil. 4. Sistema Único de Saúde (Brasil). I. Fundação Getulio Vargas. II. Título.

CDD – 614.0981

Elaborada por Amanda Maria Medeiros López Ares – CRB-7/1652

SUMÁRIO

Ao meu neto Gabriel, pela alegria que trouxe à família.
A Júlio Bueno (*in memoriam*), pelo privilégio da sua amizade.

Saber não é suficiente; devemos aplicar.
Boa vontade não é suficiente; devemos fazer.
Goethe

Gerir é tomar providências para que os resultados ocorram.
Peter Drucker

PREFÁCIO

Eugênio Vilaça Mendes[*]

O livro que prefacio é bastante oportuno nestes tempos de perplexidades que vive o Brasil.

Ricardo de Oliveira é um experiente gestor que combina conhecimentos teóricos e conceituais sólidos com uma enorme capacidade de aplicá-los na prática cotidiana das organizações.

Ele compôs a equipe do governador Paulo Hartung como secretário de estado da Saúde do Espírito Santo. Como consultor do Conselho Nacional de Secretários de Saúde (Conass), tive a oportunidade de acompanhar seu trabalho na liderança de um profundo movimento de mudança na saúde capixaba.

Ao chegar à gestão da saúde pôde verificar o que Peter Drucker, um dos autores citados no livro, já constatara: a singularidade das organizações de saúde torna muito difícil sua gestão

---

[*] Consultor em saúde pública, especialista em planejamento de saúde pela Escola Nacional de Saúde Pública (ENSP) e doutor em odontologia pela Universidade Federal de Minas Gerais (UFMG). É consultor técnico do Conselho Nacional de Secretários de Saúde (Conass). Foi professor de saúde pública na UFMG, na Pontifícia Universidade Católica de Minas Gerais (PUC Minas) e consultor na área de desenvolvimento de sistemas e serviços de saúde da Organização Pan-Americana da Saúde (Opas). Publicou 48 livros ou capítulos de livros e realizou trabalhos de consultoria em 20 países, em todos os estados, em mais de 300 municípios brasileiros e em agências internacionais como o Banco Interamericano de Desenvolvimento (BID), o Banco Mundial e as Cooperações Alemã, Britânica, Canadense e Italiana.

eficaz. Essa singularidade se expressa nos campos da economia, da administração e da organização, além de obedecer a leis e a princípios muito próprios desse setor.

A extrema complexidade das organizações de saúde faz com que não exista uma bala de prata para sua solução. Ao contrário, as mudanças nos sistemas de atenção à saúde demandam uma ação concertada e contínua em seus três componentes: no modelo político, o modelo de gestão; no modelo técnico, o modelo de atenção à saúde; e no modelo econômico, o modelo de financiamento.

A ideia do livro partiu dos movimentos populares que reivindicavam uma saúde "padrão Fifa" e o fim da corrupção, e que levaram a propostas simplistas de soluções, como a utilização dos modelos da gestão privada no Sistema Único de Saúde (SUS) e o aumento do controle dos sistemas públicos.

Os capítulos 1 a 4 procuram demonstrar que os problemas dos sistemas públicos de saúde exigem uma agenda mais ampla e profunda e trata das diferenças e semelhanças entre a gestão pública e privada, da corrupção e gestão pública, da gestão e controle e do governo ao alcance das mãos.

As diferenças entre as gestões públicas e privadas são bem caracterizadas. Os objetivos são distintos: cumprir a sua função social no setor público e obter lucro no setor privado. Objetivos distintos que levam a conceitos e práticas diferentes, ainda que, em ambos os casos, as questões da eficiência e da efetividade se impõem. Mas não se pode importar conceitos advindos da gestão privada sem uma avaliação crítica de sua aplicabilidade no setor público.

A corrupção é tratada como algo inaceitável e deve ser combatida tenazmente porque é injusta, porque frustra as expectativas da população por melhores serviços públicos e porque rompe as relações de confiança entre o Estado e a população.

Por outro lado, uma ênfase excessiva na questão da corrupção pode obscurecer os grandes problemas relativos à ineficiência, ao desperdício dos recursos escassos, à burocratização excessiva e à focalização desmesurada nos processos. Essa é uma característica universal dos sistemas de atenção à saúde, e precisa ser revertida em nosso país. A esse respeito, o relatório da saúde global de 2010 da Organização Mundial da Saúde indicou que de 20% a 40% do total dos gastos nesse setor, nos âmbitos públicos e privados, são desperdiçados por diferentes tipos de ineficiências. Como consequência, uma melhoria da gestão pública do SUS deve contemplar o aperfeiçoamento dos sistemas de controle juntamente com a construção e a implantação de uma agenda de eficiência. Dessa forma, serão harmonizados esses dois grandes objetivos, controle e resultados, diminuindo a tensão vigente entre controladores e gestores em nosso sistema público. A maneira de fazer isso seria estabelecer um diálogo nacional com o objetivo de reformular o marco regulatório de controle do setor público, que, atualmente, restringe fortemente o alcance da eficiência e dos resultados na prestação dos serviços à população.

Os capítulos 5 a 7 do livro consideram especificamente o SUS.

O desafio que se coloca para o nosso sistema público de saúde é enorme porque se trata de organizar uma resposta social para mais de 200 milhões de pessoas, algo único na experiência universal, e com poucos recursos. O ambiente político, econômico e corporativo é habitado por uma teia de interesses conflitantes e pela presença de uma miríade de atores institucionais que se distribuem nos poderes Executivo, Legislativo e Judiciário. Além disso, o SUS foi construído num país que pratica um federalismo sanitário cooperativo na articulação das relações entre a União, os estados e municípios. Por fim, um dos pressupostos do sistema é o controle social por meio de conselhos paritários entre Estado e sociedade organizada.

A partir desse quadro geral da gestão do SUS, o autor sugere mudanças concomitantes e articuladas nos modelos de gestão, de atenção à saúde e de organização do sistema, focando suas considerações na gestão estadual do SUS em que esteve envolvido diretamente. Como pano de fundo dessa estratégia global — e com forte traço de sua experiência recente —, considera alguns pontos essenciais da construção do SUS real: liderança das secretarias estaduais de saúde; capacidade de gestão; profissionalização; governança regional e descentralização; gestão tripartite e regionalização; interlocução com a sociedade; melhoria do ambiente político; desassistência e demagogia; impacto político e emocional da desassistência; alianças políticas; jogo de empurra; corporativismo, patrimonialismo e clientelismo; participação da população; atores políticos; ciclo virtuoso; mídia e SUS; a visão de longo prazo; a reorganização da rede de atenção à saúde; o financiamento; e o desafio da gestão logística.

Um capítulo do livro é dedicado à judicialização da saúde. É um fenômeno recente que apresenta um grande crescimento (aumento de 347% nas ações entre 2011 e 2018 no Espírito Santo) e que incide sobre a gestão do SUS em várias vertentes, como a criação de uma nova porta de entrada no sistema, o comprometimento com a equidade do acesso, a pressão sobre os orçamentos dos entes federativos e a insegurança jurídica pela penalização pessoal dos gestores. As soluções nesse campo não são fáceis, porque dependem de uma interpretação mais adequada do conceito de integralidade, da melhoria do sistema de incorporação e utilização da tecnologia médica, da introdução da gestão da clínica nas instituições de saúde e de um diálogo, nem sempre fácil, com o Poder Judiciário e o Ministério Público. Alguns avanços aconteceram, mas há muito o que caminhar nesse campo. De qualquer forma, há de se reconhecer, como o autor assinala, que a judicialização não se dá somente porque o SUS não funciona, já que os números de procedimentos ofertados são exuberantes.

O último capítulo versa sobre o planejamento estratégico do SUS estadual, utilizando a experiência do autor como secretário de Saúde do Espírito Santo. O plano estratégico permitiu diagnosticar um problema macro da fragmentação do SUS no estado que gera respostas não efetivas e ineficientes, conforme demonstram as experiências internacionais. Como solução, construída num diálogo permanente com os municípios capixabas, optou-se por organizar o SUS por meio da integração dos diferentes serviços em redes de atenção à saúde, construídas numa dimensão regionalizada. Esse processo foi sustentado por um projeto de qualificação da gestão da Secretaria Estadual de Saúde para a melhoria dos serviços de saúde e para garantir que os recursos fossem aplicados com eficiência e efetividade segundo as necessidades de saúde da população residente no estado.

Há que se relevar que esse plano estratégico foi construído e implantado num momento de profunda crise fiscal no estado. Nesse sentido, essa crise não imobilizou as ações da Secretaria Estadual de Saúde, mas as qualificou por meio da prioridade dada à área de saúde e de um plano estratégico bem concebido e implantado.

O diagnóstico mostrou uma alta concentração de recursos na Grande Vitória. Ademais, constatou-se uma grande fragmentação dos pontos de atenção à saúde, o que derivava, em boa parte, da baixa capacidade resolutiva e da incapacidade de coordenação da atenção primária à saúde.

O plano elaborado constituía-se de sete estratégias e de dois projetos estruturantes. As estratégias eram: aumentar a oferta de novos serviços e a eficiência dos já existentes; aumentar a qualidade da atenção e a transparência do acesso; melhorar o conforto dos cidadãos no acesso aos serviços; aumentar a resolutividade da atenção primária e da atenção ambulatorial especializada; integrar a atenção primária, a atenção ambulatorial especializada e a atenção hospitalar em redes; aumentar o protagonismo dos cidadãos nos cuidados com a própria saúde; e fortalecer a capacidade de planejamento, gestão e controle da secretaria estadual. Para implantar essas estratégias foram definidos dois projetos estruturantes: a Rede Cuidar, de redefinição da política assistencial do SUS, e a Qualificação da Gestão, para reorganizar a Secretaria Estadual de Saúde.

A impressão que guardo da leitura deste trabalho pode ser sintetizada numa frase cunhada pelo Conass: "O SUS não é um problema sem solução; o SUS é uma solução com problemas". Como mostra o autor, esses problemas, não obstante as inúmeras dificuldades, podem ser solucionados numa ação articulada de curto, médio e longo prazos.

Este livro reflete a rica experiência de um gestor competente que chegou ao SUS como um forasteiro, assustou-se com o que viu, procurou compreendê-lo, usou os instrumentos modernos de gestão para melhorá-lo, encantou-se com ele e dedicou quatro anos de sua vida profissional para aprimorá-lo. Poderia ter ido embora de forma silenciosa, mas generosamente dedicou-se a transmitir sua experiência numa linguagem direta e prática, sem muitos floreios teórico-conceituais, às pessoas que, como eu, tiveram o privilégio de desfrutar desses sábios ensinamentos.

Parabéns, Ricardo.

Uma boa leitura a todos.

APRESENTAÇÃO

A motivação para escrever este meu segundo livro sobre gestão pública surgiu a partir das grandes manifestações populares que se iniciaram em junho de 2013, cobrando melhoria na prestação de serviços públicos, e da minha experiência como secretário estadual de Saúde do Espírito Santo de 2015 a 2018, durante a gestão do governador Paulo Hartung.

Antes da Copa do Mundo de 2014, surgiram nas manifestações de rua expressões como "educação padrão Fifa" ou "saúde padrão Fifa". Naquele momento, o chamado "padrão Fifa" significava uma marca de qualidade, dadas as exigências que a Federação Internacional de Futebol (Fifa) fazia ao Brasil para as construções dos estádios e a organização do campeonato mundial de futebol. Os manifestantes, então, estavam reivindicando que os serviços públicos tivessem o mesmo padrão de qualidade que os exigidos pela Fifa. Ora, se o país consegue organizar um campeonato mundial de futebol com elevado padrão de qualidade, por que não conseguiria que os serviços públicos tivessem qualidade semelhante?, questionavam os manifestantes.

Nesse ano, também se iniciou a operação Lava Jato, que escancarou os esquemas de corrupção no setor público, provocando enorme indignação e impulsionando as manifestações de rua. Os desvios bilionários de recursos e sua ampla cobertura pela mídia levaram a população a perceber a corrupção como o maior problema de gestão pública do país, ofuscando os demais. Teria essa impressão lastro na realidade? É o que discuto no capítulo 2.

Essas manifestações populares colocaram na agenda, com muita força, o debate sobre como melhorar a prestação dos serviços públicos e combater a corrupção. Infelizmente, até hoje, essa mensagem ainda não foi devidamente entendida pela maior parte da classe política.

Como é natural em uma democracia, surgiram muitas opiniões, repercutidas na mídia, a respeito do assunto. Para algumas pessoas, por exemplo, o setor público deveria copiar ou se inspirar no modelo de gestão do setor privado para melhorar a eficiência; para outras, a solução seria aumentar o controle da gestão pública. A fim de contribuir com o debate, discuto essas propostas nos capítulos 1, 2, 3 e 4, que trazem questões gerais da gestão pública, importantes para orientar as reflexões sobre como melhorar a administração do SUS.

Como procurei mostrar, a gestão pública é muito diferente da gestão privada. Para começar, as suas finalidades são distintas: a pública tem uma função social a cumprir; a privada visa obter lucro. A partir desse entendimento, temos que pensar em um modelo de gestão adequado a cada setor. Obviamente, finalidades diferentes não impedem que ambos trabalhem com o conceito de eficiência, mas com aplicações práticas distintas.

Nos capítulos 5, 6 e 7, debato questões relativas à gestão da saúde pública, a partir da minha experiência como secretário estadual de Saúde no governo do estado do Espírito Santo de janeiro de 2015 a dezembro de 2018.

Minha principal constatação na gestão do Sistema Único de Saúde (SUS) estadual é a de que ele funciona. Tem problemas a serem resolvidos, não há dúvidas, mas presta um enorme serviço à população brasileira. Ainda há problemas no acesso aos serviços e na qualidade, mas nosso desafio é melhorar o Sistema Único de Saúde, e não acabar com ele.

Apresento para debate minha proposta de uma estratégia geral de gestão do SUS. Parto do pressuposto de que a superação dos problemas do SUS depende de uma visão do conjunto dos problemas de assistência à saúde e de gestão, e de uma unidade política entre o Ministério da Saúde, estados e municípios para liderar e sustentar esse processo de melhoria, que envolve problemas técnicos e políticos. Além disso, é preciso mobilizar os conselhos de classe, Poder Judiciário, Ministério Público, Defensoria Pública e organismos que defendam os interesses dos usuários. Trata-se de uma tarefa coletiva, que envolve interesses de toda a sociedade.

O plano deve prever a sua continuidade ao longo do tempo, pois nenhum governo conseguirá, no seu período de gestão, superar todos os problemas do SUS. Cada governo, em benefício da população, deve ter o compromisso de entregar ao sucessor uma gestão melhor do que recebeu. Acredito, pela minha experiência, que três gestões estaduais e municipais, implementando a mesma estratégia e evoluindo a partir do que foi realizado anteriormente, sejam suficientes para consolidar o processo de melhoria.

Essa necessidade de sustentar a estratégia ao longo do tempo nos coloca desafios políticos de difícil superação, dada a responsabilidade tripartite na gestão do SUS. Precisamos construir um plano apoiado, em cada estado, por dezenas (ou centenas, dependendo do caso) de prefeitos e secretários municipais, cada um com seus interesses políticos, pelos órgãos operadores do direito, pelas associações de usuários e por conselhos de classe. Essa unidade política só pode ser construída se colocarmos no centro da questão a defesa dos interesses dos usuários do SUS.

A estratégia que implementamos tinha dois grandes objetivos técnicos. O primeiro foi reformular a rede de atenção à saúde, considerando a regionalização, a superação da fragmentação dos níveis de assistência, a ênfase nas doenças crônicas e a organização das redes de assistência. O segundo foi qualificar a gestão da secretaria estadual considerando a reorganização estrutural, capacitação de técnicos e gerentes, implantação da gestão por resultados (definição de indicadores, metas e realização de monitoramento periódico do alcance dos resultados), a descentralização da gestão e o aprimoramento do controle e da transparência.

No capítulo 6, discuto um grande problema atual do SUS, que é o enorme volume da judicialização da saúde. A judicialização cria uma nova porta de entrada para o SUS, pode provocar inequidade no acesso, penaliza o gestor pessoalmente, criando insegurança jurídica para o exercício de cargo na saúde, e direciona a aplicação de recursos orçamentários e financeiros do SUS, interferindo no seu planejamento. O que discuto não é a judicialização da saúde em si, pois ela faz parte do estado democrático de direito; mas o fenômeno teve um crescimento acelerado nos últimos cinco anos, e impõe-se o desafio de conter seu avanço e reduzi-lo a um nível aceitável.

No capítulo 7, apresento o planejamento estratégico da Secretaria Estadual de Saúde, no qual detalho dois projetos considerados estruturantes: o da Rede Cuidar, cujo objetivo é a reformulação da rede de atenção à saúde; e o de Qualificação da Gestão, cujo objetivo é reorganizar o modelo de gestão da secretaria por meio do fortalecimento da capacidade de planejamento, gestão e controle. A qualificação da gestão é fundamental para garantir o processo de melhoria contínua da prestação de serviços de saúde à população.

Ao final, apresento uma bibliografia para os interessados em aprofundar os conhecimentos sobre o SUS. Os textos indicados foram publicados pelo Conselho Nacional de Secretários de Saúde (Conass). Escolhi apenas alguns que têm relação direta com os temas debatidos no livro, mas, para quem tiver interesse em mais informações, estão todas disponíveis no site da instituição (www.conass.org.br).

AGRADECIMENTOS

Inicialmente à minha esposa, Begonha, pelo incentivo e paciência durante os meses em que me dediquei a escrever este livro.

A todos que conviveram comigo nos quatro anos que passei na Secretaria Estadual de Saúde e que contribuíram para a formulação e a implantação da política pública de saúde e para meu aprendizado no tema.

Ao governador Paulo Hartung, pela confiança e apoio na condução da política pública de saúde. A Secretaria de Saúde teve o maior orçamento do estado nos quatro anos de governo.

Aos inúmeros colegas de outras secretarias, que nos ajudaram na execução dessa política. O resultado de um governo, em qualquer área, é obra coletiva.

Aos servidores, gerentes, diretores, superintendentes e subsecretários da Secretaria de Saúde, que, além de terem paciência com meu aprendizado, demostraram seriedade e compromisso com os usuários do SUS.

Aos parceiros das entidades filantrópicas e das organizações sociais que nos ajudaram a prestar serviços aos nossos usuários.

Agradeço o apoio da organização empresarial Espírito Santo em Ação no desenvolvimento dos projetos.

Ao amigo e revisor de alguns capítulos, Eugênio Neiva.

Aos prefeitos e secretários municipais pela parceria na implantação do projeto de reorganização da rede de atenção à saúde (Rede Cuidar) e em várias ações de promoção da saúde pública.

Ao Conselho Nacional de Secretários de Saúde (Conass), pelo apoio e consultoria na reformulação do modelo de atenção à saúde, particularmente ao consultor Eugênio Vilaça Mendes. Em seu nome, agradeço a todos os consultores e consultoras do Conass.

Aos secretários estaduais, pela convivência e aprendizado durante os quatro anos em que tive a satisfação de participar do Conass, inclusive como vice-presidente.

Aos membros da Comissão Intergestores Tripartite (CIT), formada por representantes do Ministério da Saúde e das secretarias estaduais e municipais, na qual tive acesso a informações e discussões relevantes sobre a política pública de saúde.

Aos participantes do Conselho Estadual de Saúde, pela oportunidade de debater os problemas dos usuários no acesso aos serviços do SUS.

Às entidades representativas dos profissionais, pelo diálogo respeitoso no trato das questões do SUS que a eles diziam respeito.

Aos membros do Poder Judiciário, do Ministério Público e da Defensoria Pública com quem tive oportunidade de debater as questões relativas à judicialização e à política pública de saúde.

Aos conselheiros e aos vários técnicos do Tribunal de Contas do Estado com quem tive instigantes discussões na procura de soluções para os problemas reais da gestão pública.

Por fim, à Assembleia Legislativa do Estado do Espírito Santo, pela oportunidade de debater os resultados da política pública de saúde, pelo menos três vezes ao ano, na sessão de prestação de contas.

A todos, meu muito obrigado. Cumprimos nosso papel.

1.

Gestão pública e privada: diferenças e semelhanças

A gestão das organizações públicas e a gestão das empresas e demais instituições privadas, apesar de semelhantes em muitos aspectos, guardam profundas diferenças entre si. Em geral, entretanto, isso não é bem percebido no nosso país, e muitas vezes são feitas comparações desfavoráveis à gestão pública em relação à eficiência da gestão privada. Há muita confusão no que diz respeito às características de cada parte, o que prejudica a busca por maneiras efetivas de melhorar a gestão do Estado, um desejo permanente e legítimo de todos os cidadãos.

Não basta dizer que o setor público não funciona! É preciso entender por que ele não funciona a contento e quais são os seus reais problemas. A falta de um bom diagnóstico decerto dificulta o encontro de soluções; mas, o que pode ser pior, um diagnóstico errado pode nos levar a soluções equivocadas. Estamos, portanto, diante de uma questão importante: podemos administrar o Estado segundo os mesmos conceitos e princípios utilizados pela iniciativa privada? Ou são demandas diferentes, que exigem práticas específicas para cada caso?

Vamos, então, discutir as especificidades da gestão pública e comparar suas diferenças e semelhanças com as da gestão das instituições privadas. O intuito é estimular o debate do tema e auxiliar todos que pretendam avaliar ou implantar melhorias no setor público, mesmo se inspiradas em práticas do setor privado. O desafio, em suma, é definir os conceitos necessários para colocar o Estado a serviço da população, da maneira mais eficiente possível, visto que não nos é dada a alternativa de viver coletivamente sem a existência dele e que há uma demanda permanente por mais e melhores serviços públicos, em um quadro de crescente restrição de recursos.

Função social e lucro

O Estado é o maior instrumento de ação coletiva de que a sociedade dispõe para promover a igualdade de oportunidades, a justiça, o desenvolvimento econômico e a inclusão social. Finalidades muito diferentes das do setor privado, e que definem valores e modelos de gestão diferentes.

Mesmo no âmbito restrito da iniciativa privada, há diferenças. Não se administra um banco ou uma indústria com os valores e princípios de gestão análogos, embora sejam ambos privados. A natureza da operação, serviços ou produção industrial e as demandas dos consumidores, como o sigilo bancário, por exemplo, impõem valores e princípios de gestão diferentes a essas organizações privadas.

Paralelamente, o modelo de gestão do setor público deve inspirar-se em valores como equidade, imparcialidade, transparência e participação da população, muito diferentes dos que balizam as organizações privadas.

Portanto, cada setor definirá o conjunto de regras mais adequado à produção dos resultados esperados: lucro, no caso do setor privado; função social, no caso do setor público. Por isso, temos que ter cuidado quando comparamos a gestão do setor público com a do privado. Determinados conceitos que se aplicam a um podem não se aplicar ao outro ou só podem ser aplicados de forma diferente. Não considerar as especificidades do setor público pode levar a erros de avaliação sobre a qualidade da sua gestão ou a implantar soluções de gestão equivocadas, quando simplesmente copiadas do setor privado sem as devidas adaptações.

O Estado como organização

Como toda organização, o Estado, para funcionar direito e produzir os resultados que a sociedade dele espera, precisa ter uma boa gestão, capaz de orientar, diariamente, em todos os poderes e níveis de governo, a tomada de decisões e a realização de um enorme conjunto de ações, para fazer prevalecer o interesse público.

Ora, decidir e agir são práticas de gestão comuns. O que basicamente diferencia a administração pública é que, nela, essas práticas devem pautar-se pelo interesse público e conformar-se ao marco regulatório administrativo e de controle a que está submetida.

Como organização, o Estado dispõe, em todo o país e em todos os níveis e poderes, de milhões de servidores, de trilhões de reais de orçamento e de um patrimônio fabuloso. A dimensão gigantesca, contudo, por si só, não o torna diferente em essência, por exemplo, de uma grande corporação multinacional. Megaempresas também têm filiais em diversos países e localidades, inúmeros empregados, orçamentos às vezes maiores do que os de muitas nações e uma quantidade expressiva de bens patrimoniais. Logo, se fôssemos considerar apenas essas características das organizações públicas — capacidade de decidir e agir, além de tamanho —, seríamos levados a pensar que os conceitos da gestão privada seriam igualmente a elas aplicáveis.

No entanto, o processo decisório e a execução no ambiente público são mais complexos, formais e burocráticos e são submetidos a mais restrições legais do que no setor privado. Mais ainda, as organizações públicas têm características peculiaríssimas. Primeiro, a capacidade de impor deveres à população — como, por exemplo, regras de convivência e obrigações financeiras —, recurso de poder não permitido à iniciativa privada. Segundo, não há um "dono" do Estado; ele "pertence" a toda a população, que contribui financeiramente, de forma compulsória, para a sua manutenção. As organizações privadas, ao contrário, têm "donos" e se mantêm pela comercialização de produtos e serviços no mercado. Terceiro, enquanto as formas de prestação de contas do setor público têm por objetivo garantir o interesse público, na iniciativa privada prestam-se contas apenas a acionistas e proprietários. Quarto, as organizações públicas em muitos casos não sofrem concorrência, como no mercado, pois detêm a exclusividade da prestação de muitos serviços. Além disso, o Estado dispõe do monopólio do emprego da força coercitiva, exercida pelas instituições judiciais, militares e policiais.

Em síntese, enquanto as organizações privadas atendem a interesses particulares limitados, as organizações públicas têm por missão atender ao interesse público em geral. Para tanto, a sociedade delega poderes específicos às organizações públicas, para que elas cumpram a sua função social. Na outra mão, porém, é estabelecido um conjunto de regras para limitar e controlar o exercício desses poderes, de sorte a evitar abusos contra os cidadãos.

Diferenças de ambiente

Peter Drucker, renomado autor na área de administração, define: "Gerir é tomar providências para que os resultados ocorram".

Esse conceito se aplica igualmente aos setores público e privado. Ele, por si só, portanto, não nos esclarece sobre as diferenças que buscamos identificar e entender.

Todos os gestores, seja no setor público ou privado, estão preocupados com resultados; uns mais, outros menos. No entanto, as condições dentro das quais esses resultados devem ser produzidos estabelecidas pela sociedade para o setor público são bem distintas daquelas da iniciativa privada, e isso faz toda a diferença. A expectativa da sociedade em relação ao papel do Estado é muito diferente daquela que as partes interessadas no setor privado têm em relação à sua gestão.

A sociedade, além de demandar serviços públicos de qualidade, quer controlar a forma como esses serviços são prestados, debater quais deles devem ser oferecidos e como estão sendo gastos os recursos mobilizados. Naturalmente, essas exigências definem um conjunto de regras legais, diferentes para cada setor, acarretando um maior formalismo no setor público e prejudicando a sua eficiência quando comparado ao setor privado.

Agenda política nacional

O debate sobre gestão pública ganhou maior notoriedade após as manifestações populares de junho de 2013, em que eram reivindicadas melhorias na gestão pública. Entretanto, há muito ele tem pautado as eleições para cargos executivos em todos os níveis, notadamente para a Presidência da República. Por isso, os candidatos aos cargos eletivos do Poder Executivo procuram se apresentar, cada vez mais, como bons administradores e, por isso, merecedores de votos. As qualidades gerenciais dos políticos — ou seja, a sua capacidade de transformar ideias em realizações concretas em favor da população — passaram a ser um diferencial competitivo nos pleitos, e estão começando a ser valorizadas pelos eleitores como um critério, embora não único, para definição do voto.

No entanto, para os candidatos eleitos, é preciso ir além da imagem. É preciso fazer com que os governos entreguem os resultados prometidos na campanha eleitoral, e, para que isso aconteça, é necessário que os governantes saibam como gerir o setor público. Esse tema é de interesse geral, pois o bom funcionamento do Estado é fundamental para a qualidade de vida da população, principalmente para os mais carentes, e para a competitividade da economia do país. Ora, se o debate sobre o que é a gestão pública e quais são os princípios e valores que a norteiam são de interesse geral, devem então estar na agenda do debate político nacional. E aqui já temos outra grande diferença com relação à gestão privada: a gestão pública faz parte da agenda política nacional.

Os conceitos que regem a gestão pública e os objetivos que ela deve alcançar são, portanto, decisões políticas da sociedade. A ela cabe decidir, por exemplo, se o acesso aos cargos públicos deverá ser por concurso, se os servidores deverão ter estabilidade no emprego, qual deverá ser o grau de transparência da gestão, como a população poderá participar da gestão, como se fará o controle social e institucional, quais os critérios para definir nepotismo, quais as regras para coibir o desvio dos recursos públicos e tantas outras diretrizes.

Os debates públicos a respeito da necessidade de repensar o papel do Estado e as suas relações com a sociedade ganharam força a partir do governo Fernando Henrique Cardoso, com o Plano Diretor da Reforma do Aparelho do Estado, em 1995. Desde então, muitas propostas para melhorar a gestão pública estão sendo experimentadas, aqui e em todo o mundo — a gestão para resultados, o governo eletrônico, a contratualização do desempenho, as concessões públicas, a parceria com organizações sociais, a privatização etc. Medidas como essas têm apresentado bons resultados e ganhado adeptos em todo o país, sendo casos de sucesso a criação do Conselho Nacional de Justiça (CNJ), a avaliação de desempenho na educação e a criação das agências reguladoras.

Perdemos, contudo, o ímpeto reformista. As soluções propostas têm avançado muito devagar. A implantação das reformas depende do apoio político da população, por ser assunto de interesse geral, e a liderança do Poder Executivo é fator de aceleração do processo e necessária para a mobilização da sociedade.

Burocracia de Estado

A construção de uma burocracia de Estado competente, eficiente, profissional e subordinada ao poder político é um enorme desafio, político e técnico. Contudo, há diferentes visões a respeito da forma de organização e do papel do setor público, pelo que os conceitos utilizados nessa construção deverão ser fruto tanto de debate com a sociedade quanto de deliberação legislativa. Já para a iniciativa privada, os desafios enfrentados em relação a sua organização burocrática são bem mais simples. Envolvem apenas decisões no âmbito das partes interessadas.

A burocracia pública profissional, além de ajudar o governante a implantar o programa de governo sancionado pelos eleitores, é uma garantia da continuidade dos serviços prestados à sociedade. Logo, o papel e a postura que a sociedade espera dessa burocracia profissional são distintos daqueles que a direção de uma empresa privada espera de seus empregados. A começar pela defesa do interesse público, pela austeridade e transparência na gestão de recursos e pela capacidade política de se articular com a sociedade.

Por tudo isso, as próprias regras de gestão de pessoas do serviço público — como concurso público para acesso aos cargos, planos de carreira, processos de demissão, apuração de responsabilidades por meio de processos administrativos, avaliação de desempenho e estabilidade no emprego — são muito mais formais, detalhistas e restritivas, do ponto de vista da gestão, do que no setor privado.

Democracia e gestão

A gestão pública precisa conciliar duas dimensões importantes: democracia e eficiência. Essas dimensões condicionam a produção de resultados no setor público, que tem como um dos seus objetivos democratizar a sociedade. Distribuir renda, promover a justiça fiscal, ampliar o acesso aos serviços públicos, por exemplo, são formas de democratização da sociedade, processo que não está restrito apenas à existência de eleições regulares para os cargos públicos. Essa dimensão, fundamental na gestão pública, não faz parte dos objetivos da empresa privada, que tem como estratégia a melhoria constante da sua eficiência, para sobreviver em um mercado competitivo.

Cidadão e consumidor

A relação do consumidor com o mercado não tem paralelo com aquela do cidadão com o Estado. Enquanto consumidores, vamos ao mercado comprar um produto, avaliamos preço e qualidade e então decidimos, individualmente, se realizamos a compra. A forma geralmente adotada pelo consumidor para demonstrar sua insatisfação com determinada empresa privada é deixar de consumir seus produtos ou serviços ou comprar de um concorrente. Já no setor público, a sociedade quer discutir o serviço que será oferecido à população e saber como os recursos públicos serão utilizados na produção desse serviço, além de discutir preço e qualidade.

Temos, por conseguinte, com o Estado, uma relação de cidadania regida por direitos e deveres. O cidadão não é um mero consumidor que troca de fornecedor se estiver insatisfeito com o serviço oferecido, até porque alguns serviços são exclusivos do Estado, como os de polícia, de fiscalização e os do Poder Judiciário.

Outros serviços públicos, como os de saúde e educação, financiados compulsoriamente pelos cidadãos por meio dos impostos, são fornecidos como forma de garantir o exercício de cidadania. O setor privado, por outro lado, além de não ter compromisso de oferecer serviços para garantir direitos, é financiado pelas partes interessadas, com recursos próprios.

A relação do consumidor com o mercado é, portanto, uma relação de consumo, enquanto a relação entre cidadão e Estado é de cidadania, pelo que envolve direitos e deveres. Além disso, a forma mais significativa de o cidadão interferir na prestação de serviços públicos é por meio de ações coletivas — a que o Estado é mais sensível —, seja por manifestações públicas, como as de junho de 2013, seja pelo voto no processo eleitoral.

Portanto, as demandas da sociedade em relação ao Estado impõem ao setor público um modelo de gestão que deve considerar questões de cidadania, como controle social, transparência e participação da população. Essas não são questões consideradas na gestão privada.

Eficiência

A eficiência é um caso clássico de aplicação de um conceito de forma diferente nos dois setores. Como cobrar eficiência no julgamento de um Supremo Tribunal? A eficiência seria o valor supremo em organizações desse tipo? Ou, nesse caso, temos, para a sociedade, valores mais importantes que a eficiência, como a justiça e o combate à impunidade?

A aplicação do conceito de eficiência em organizações privadas é bem mais simples do que em organizações públicas, que muitas vezes têm finalidades sociais, como os poderes Judiciário ou Legislativo. No entanto, as organizações públicas também devem trabalhar com esse conceito, haja vista a carência de recursos para atender à demanda crescente por serviços públicos.

A consequência dessa diferença de valoração da eficiência é a impossibilidade de utilizarmos as mesmas métricas para os dois setores. O setor público tende a ser, por diversos motivos, inclusive legal, mais ineficiente que o setor privado, para as mesmas atividades.

Formação do poder e profissionalização

A formação do poder no setor público se dá a partir do processo eleitoral. A população elege os candidatos e, por consequência, as políticas que irão orientar o setor por um período de governo. A formação do poder no setor privado é bem diferente. Os acionistas e o conselho de administração escolhem quem vai dirigir as empresas.

A maneira como se dá a formação do poder no setor público, inclusive, nos traz uma questão importantíssima para a produção de resultados em benefício da sociedade, que é a relação dos políticos com a administração pública. Esse aspecto é muito criticado no país, por se pautar muito fortemente em uma cultura patrimonialista, que confunde o que é do público com o que é do privado. O clientelismo, o fisiologismo, o corporativismo e o aparelhamento partidário da administração pública são aspectos negativos dessa cultura.

A forma que países desenvolvidos encontraram para resolver essa questão foi a profissionalização da administração pública, com a criação de carreiras, a aplicação de critérios meritocráticos para acesso aos cargos públicos e a progressão funcional. Mais ainda, esses países disciplinaram a relação entre os políticos e a administração pública, destinando aos eleitos um conjunto de cargos para a formação dos governos, mas preservando a grande maioria para preenchimento por servidores de carreira. Isso é assim tanto para não prejudicar a continuidade administrativa quanto para evitar a captura do setor público por interesses privados e para dar eficiência à gestão.

Isso se deu nesses países no período compreendido entre o final do século XIX e o início do século XX. No Brasil, em que pesem avanços importantes, a questão não está completamente resolvida. O país de hoje não é o mesmo de 1930, mas exemplos recentes nos mostram que ainda precisamos avançar muito na profissionalização do setor público. Para o setor privado, por outro lado, questões como patrimonialismo, clientelismo e aparelhamento partidário não são desafios para a constituição da sua direção.

O ambiente político do setor público leva à ocupação de cargos por critérios não apenas de mérito. Há fortes interesses levados em conta. Imaginem, na empresa privada, um presidente escolhido por pressão de grupos com interesses eleitorais. É possível? Claro que não; esse é um problema específico do setor público.

Portanto, qualquer diagnóstico dos problemas da gestão pública tem de levar em consideração o grau de profissionalização existente. É preciso definir limites claros em relação à ocupação de cargos públicos pelos vencedores das eleições. Claro que, para organizar o governo, os eleitos devem ter um conjunto de cargos à sua disposição, como acontece em todo o mundo. Porém, mesmo para a ocupação dos cargos de livre nomeação, devem prevalecer critérios de mérito, e uma das principais medidas para melhorar a qualidade dos serviços públicos é avançar na profissionalização.

Aliás, aqui encontramos um ponto de aproximação entre a gestão privada e a gestão pública. A empresa privada é orientada para o reconhecimento do mérito por meio de processos gerenciais internos, sem interferências político-partidárias, o que a aproxima da profissionalização preconizada para o setor público.

Controle do Estado

Na democracia, a sociedade precisa controlar o Estado, sem o que ele pode oprimir o cidadão, seja por autoritarismo no seu processo decisório, na sua prestação de serviços, por exorbitância na cobrança de impostos, por violência policial ou por muitas outras formas. As razões que levam a sociedade a controlar o Estado, entretanto, não são as mesmas que levam ao controle no setor privado. Neste último caso, são razões de relações de consumo e de concorrência ou de cumprimento de normas legais. Por isso, o exercício do controle sobre a gestão é também muito diferente entre os dois setores.

No setor público existe uma demanda por controle social. Legitimamente, a sociedade quer acompanhar e monitorar as decisões e ações do setor público. Os governos precisam convencer a sociedade dos seus projetos, suas decisões e das formas como aplicam os recursos públicos. Diferentemente, as empresas privadas precisam convencer apenas seus acionistas do acerto das suas decisões gerenciais.

Nesse aspecto particular, a liberdade de imprensa entra como um dos grandes pilares do controle social, pois propicia que a mídia exerça um papel fiscalizador das atividades do setor público, pela divulgação de informações nos seus veículos de comunicação.

Participação

Há uma demanda crescente por maior integração da sociedade nos debates e nas decisões do setor público, impulsionada pelo processo de redemocratização do país e, posteriormente, pelo progresso das tecnologias de informação e comunicação.

A Constituição de 1988 já previra a criação de vários conselhos com participação popular para acompanhar as políticas públicas, notadamente nas áreas sociais. As facilidades propiciadas por computadores, *tablets* e telefones celulares ligados à internet criaram condições para ampliar exponencialmente essa integração; como consequência, a pressão popular para que ela ocorra aumentou, exigindo que o sistema político esteja atento e empenhado em atendê-la.

Por conseguinte, incentivar a participação da população na gestão passou a ser uma das mais importantes dimensões das políticas públicas, questão essa não aplicável à gestão privada. Não faz sentido submeter decisões de investimento de uma empresa privada, ou sobre suas regras de gestão, ao escrutínio ou debate público.

Transparência

A sociedade cada vez mais exige transparência para os atos de gestão do setor público. Ela quer ter informações sobre a motivação das decisões e sobre a aplicação dos recursos financeiros e a utilização dos recursos materiais.

Por isso, a legislação que rege o setor público dispõe de um conjunto de regras para garantir a transparência. Entretanto, essas regras trazem como efeito colateral a geração de uma enorme documentação processual e de um fluxo administrativo que, para a produção de uma decisão, envolve a manifestação de vários órgãos. O resultado é uma significativa perda de eficiência, pela massa documental exigida para eventuais auditorias e pela lentidão a que os processos ficam submetidos.

Mais do que isso, a sociedade construiu um vasto aparato institucional para garantir o controle do setor público, para além do controle social — tribunais de contas, Ministério Público, Poder Judiciário, Poder Legislativo. Esse aparato de controle é bem maior do que o do setor privado. Quem trabalha no setor público conhece bem as dificuldades para o seu funcionamento eficiente, resultantes da forma como esse controle é exercido, bastante detalhista e focada em processos, não em resultados.

Há, ainda, muitas instâncias com poder de interferir na gestão do Poder Executivo, o que implica perda de eficiência e aumento da complexidade do processo decisório. Uma decisão de um executivo público pode ser objeto de contestações por parte de qualquer dessas instâncias, através de processos legais que podem levar anos de tramitação.

Não obstante, a melhor estratégia para evitar os desvios no trato da coisa pública é mesmo ampliar a transparência. Nessa linha, recentemente aprovamos uma lei de acesso à informação que é um marco importante na luta pela transparência do setor público, mas a sua implantação tem sofrido forte resistência.

As empresas privadas, ao contrário, têm maior autonomia para tomar decisões e para aplicar seus recursos financeiros como bem lhes aprouver. No máximo, as diretorias executivas prestam contas a acionistas e a conselhos de administração. Não podemos imaginar tamanha interferência no dia a dia das empresas privadas por órgãos de controle externos, como ocorre no setor público. Como ficaria a eficiência das empresas privadas se elas fossem submetidas às mesmas regras de controle do setor público?

Orçamento

Temos na sociedade uma disputa pelo orçamento público. Em geral, os setores mais bem organizados têm mais poder de pressão ou de barganha e conseguem ser aquinhoados com mais recursos. Quem tem mais condições de obter recursos nessa peleja: juízes, parlamentares, policiais, professores, empresários ou os moradores do sertão nordestino ou os das favelas do Rio de Janeiro?

Entretanto, esse processo político, absolutamente normal nas democracias, precisa ser transparente, para que o interesse público possa prevalecer. Organizá-lo, portanto, é um dos grandes desafios da gestão pública, e a sociedade construiu instituições para mediar esse acordo orçamentário, sendo a mais importante o parlamento.

No setor privado, o processo é bem diferente. As decisões envolvem apenas diretoria e conselho de administração. Não há uma demanda da sociedade por um debate público sobre a melhor alocação de recursos orçamentários nas empresas, tema restrito às partes interessadas.

Marco regulatório administrativo e de controle

Quem trabalha no setor público sabe como a legislação que regula o seu funcionamento administrativo dificulta a obtenção de resultados e a eficiência de gestão. As normas de gestão vigentes — de pessoal, compras, controle, gestão financeira e orçamentária etc. — engessam a administração e emperram o processo decisório, levando a que questões banais consumam um tempo absurdo para serem resolvidas.

No setor privado, é permitido tudo o que não está proibido na lei; já no setor público, só é permitido o que está autorizado em lei. Esse conceito complica sobremaneira a gestão pública, pois como enquadrar todas as situações de gestão dentro da lei? Como isso não é possível, o gestor fica à mercê das interpretações dos advogados e controladores, o que traz uma enorme insegurança aos administradores públicos e uma tremenda ineficiência. Até decidir o que pode e o que não pode ser feito, e como pode, gasta-se um tempo enorme.

A construção de uma decisão sobre uma estratégia de compras que esteja respaldada pela legislação aplicável é um exemplo do desperdício de tempo que se pode ter no setor público. Além da dificuldade administrativa em função da legislação restritiva, existe a insegurança quanto a possíveis futuros questionamentos por parte dos órgãos de controle. Soma-se a isso o enorme tempo gasto para esclarecer os órgãos de controle sobre os procedimentos e decisões tomadas em relação a tal compra.

Imagine-se o setor privado submetido a essas normas restritivas da sua autonomia decisória: para onde iria a sua eficiência?

A sociedade cobra eficiência do setor público, e tem razão para isso, inclusive comparando-o com o setor privado; mas, por outro lado, nega-se a debater o marco regulatório administrativo e de controle que emperra o seu funcionamento. Portanto, para dar um choque de eficiência no setor público, é preciso rever esse marco regulatório.

É claro que, apesar das restrições, o setor público funciona na provisão de serviços para a população. Para perceber isso, é só imaginarmos o fechamento das escolas e hospitais públicos e o consequente caos social que se instalaria.

Iremos, também, encontrar, aqui e ali, escolas e hospitais públicos funcionando com níveis de qualidade muito bons, apesar do marco regulatório administrativo e de controle a que estão submetidos, que dificulta a produção de resultados. Essas são experiências que precisam ser avaliadas para que seus ensinamentos sejam disseminados pelo setor público. Mas, se em geral tornarmos mais flexíveis as regras da gestão pública, serão produzidos mais resultados com custos menores.

Complexidade e universalidade

O setor público trata de temas que são muito mais complexos do que os do setor privado. É muito mais fácil produzir ventiladores ou carros do que acabar com a pobreza e com a desigualdade, fazer justiça tributária, combater as alterações climáticas, combater a gravidez precoce etc. — essa lista é enorme.

Além disso, o setor privado pode escolher um nicho de mercado para atender. Por exemplo, certa empresa decide fornecer serviços para quem ganha acima de R$ 10 mil e assim limita o público a ser atendido. Ao setor público, essa escolha não é dada. Sua clientela é toda a população, e isso introduz uma complexidade enorme na sua prestação de serviços. A Constituição determina, por exemplo, que saúde e educação são direito de todos e dever do Estado. Não se pode escolher determinado público para oferecer esses serviços; todos os brasileiros têm esse direito.

O debate necessário

Vimos que, em geral, os conceitos que organizam a gestão pública são diferentes daqueles da gestão privada; mas, sem dúvida, é possível e desejável tirar o máximo proveito das experiências bem-sucedidas do setor privado e aplicá-las onde cabível e oportuno no setor público. O importante, entretanto, é trabalhar com conhecimento de causa, é aprofundar a compreensão sobre a gestão pública.

Por outro lado, tenhamos sempre em mente que o debate sobre a melhoria da gestão pública tem componentes tanto políticos quanto técnicos. É fundamental entender isso. Não há possibilidade de haver melhoria na gestão pública apenas por uma mobilização técnica, pois o que está em jogo é um conflito distributivo na sociedade associado a visões diferentes sobre o papel do Estado, problemas de natureza eminentemente política. Discussões superficiais sobre o tema acabam sendo manobras diversionistas, de quem não quer mudar nada e se beneficia da situação atual. Quem mais perde e sofre com isso são as camadas mais pobres da população, justo as que mais dependem do bom funcionamento do setor público para suas vidas cotidianas.

Por outro lado, enquanto continuarmos achando que o setor público vai melhorar apenas com a prisão do delinquente do momento, continuaremos errando no diagnóstico e postergando uma efetiva melhoria da prestação de serviços públicos. População e mídia têm o vezo de personificar os problemas de gestão pública em algum inimigo público número um e esperar a chegada de algum dom Sebastião, salvador da pátria, em vez de enfrentá-los em toda a sua extensão e profundidade.

O debate aqui proposto vai na direção contrária.

Finalmente, não podemos simplesmente importar conceitos utilizados na gestão do setor privado para o público sem uma avaliação crítica de como devemos aplicá-los. Afinal de contas, o objetivo do setor privado é obter lucro, e o do setor público é cumprir com sua função social.

2.

Corrupção e gestão pública

É a corrupção o maior problema da administração pública? Sim, diríamos, se pautássemos a nossa opinião apenas pelo volume de informações sobre o tema divulgadas pela mídia, particularmente após a exitosa operação Lava Jato, que colocou à luz do dia esquemas fabulosos de desvio de recursos públicos para fins privados.

Essas notícias e as operações de combate à corrupção, levadas a cabo pelo Estado brasileiro, nos lembram que adequar os gastos públicos aos ditames da lei ainda é, infelizmente, uma grande batalha a ser vencida, mas esse não é o único nem o maior problema de gestão pública no país. Ao lado da corrupção, a incompetência, o excesso de burocracia, a ineficiência, o desperdício e a ênfase maior no controle do que nos resultados são os principais problemas a serem enfrentados. Para o enfrentamento desses problemas, é necessário rever o marco regulatório administrativo e de controle que determina as regras de gestão e controle do setor público.

Apresento, a seguir, algumas reflexões sobre gestão pública e corrupção para contribuir nesse importante debate para a população brasileira.

A imagem do setor público

A corrupção é um fenômeno generalizado, global. Ocorre tanto no setor público quanto na iniciativa privada. Porém, a imagem de um serviço público dominado pela corrupção prevalece em função do grande número de matérias jornalísticas que destacam muito mais os erros do que os acertos. Acertar é obrigação, mas o que se afasta da normalidade é que vira matéria jornalística, em geral de tom sensacionalista, pois tem muito mais apelo popular. Essa é a regra. É claro que a corrupção não é inventada pela mídia; ela apenas divulga os fatos. Chamo a atenção é para a forma como se divulga o que acontece no setor público e para as consequências sofridas na sua imagem junto à população. A sociedade, em decorrência, tem muita dificuldade em avaliar equilibradamente os vários problemas que afetam o desempenho da administração pública.

Contribui ainda para a percepção negativa o fato de que frequentemente assistimos a grupos políticos acusando-se mutuamente de comportamentos impróprios, na gestão dos recursos públicos, com o intuito de angariar apoio para si ou para desqualificar adversários. É a utilização de denúncias de corrupção como arma política. Essa prática política ganhou notoriedade a partir da campanha contra Getulio Vargas, quando se inventou o famoso "mar de lama", para se referir ao suposto volume de corrupção no governo.

Realmente, é inaceitável que alguns tentem se beneficiar de recursos públicos que deveriam ser aplicados em prol de todos, por meio de políticas públicas, principalmente em um país com uma enorme desigualdade como o nosso. Há uma frustração da expectativa de quem espera que os impostos — pela imensa maioria da população, pagos com muita dificuldade — retornem em serviços públicos para melhorar sua qualidade de vida.

Rompe-se, assim, a relação de confiança entre a população e o Estado, o que é prejudicial para a democracia. Ademais, além de ser um problema ético, a corrupção, definida como apropriação indébita e privada dos recursos públicos, cria incentivos ruins para a competitividade da economia.

Não devemos, portanto, subestimar os efeitos danosos dos desvios, tanto de conduta quanto de recursos. No entanto, é preciso observar que o setor público não é um antro de corrupção isolado do resto da sociedade, e que outras falhas, que não ganham tanto destaque na mídia, são mais maléficas para o acesso da população aos serviços públicos, pois desperdiçam recursos ainda maiores.

Digamos que 10% do total do orçamento público fossem desviados das suas finalidades. Mesmo assim, ainda teríamos um problema de grande magnitude — como dar qualidade à aplicação dos 90% restantes? A falta dos recursos desviados será sempre sentida, mas hipóteses simples como essa mostram que, para um diagnóstico correto do conjunto de problemas enfrentados pela administração pública, na sua trajetória de aperfeiçoamento, muitos outros elementos precisam ganhar espaço no debate político nacional.

Na ausência dessa percepção mais ampla, irá sempre prevalecer junto à sociedade a imagem de um setor público pior do que ele efetivamente é, o que contribui para um processo de perda de legitimidade do Estado perante a população, fator extremamente prejudicial à democracia. Se a população acreditar que o serviço público é um antro de corrupção, em que nada funciona, que só serve para enriquecer um pequeno grupo que se apodera do poder para seus próprios fins, o Estado vai perder legitimidade e o respeito do cidadão. E aí, como querer que o povo defenda a democracia se ela não estiver a serviço dos seus interesses?

Ainda temos um longo caminho a percorrer no sentido de proteger o Estado contra a sua captura por interesses privados. Temos que reconhecer, contudo, a existência de numerosos órgãos e mecanismos de controle, que foram fortalecidos na Constituição de 1988 e que são extremamente ativos. A consolidação e organização desses mecanismos, ao longo dos anos, é que tem permitido importantes avanços no combate à corrupção, como a operação Lava Jato.

Como diz o ditado popular, temos que jogar fora da bacia a água suja do banho, mas preservar o bebê. Esse é o nosso desafio. Devemos sempre manter uma atitude crítica em relação ao funcionamento do Estado, até porque o setor público só funciona sob a pressão da sociedade mobilizada, mas temos que ter cuidado para não desqualificar esse importante instrumento da sociedade para promover a qualidade de vida da população.

As críticas da mídia são igualmente importantes, pois o funcionamento do Estado, para o bem ou para o mal, é resultado de uma disputa política na sociedade. Essa disputa, contudo, pressupõe ampla liberdade de informação e de expressão, requisito fundamental da democracia.

Precisamos, portanto, compreender bem a relevância do Estado e defendê-lo. O seu bom funcionamento é de vital interesse para todos os segmentos da população, principalmente para os mais carentes, que têm menor poder de influência e pressão. Precisamos entender também que a responsabilidade pela construção de um Estado que seja um efetivo instrumento de melhoria das condições de vida é de todos, cidadãos e mídia incluídos.

O envolvimento de políticos e servidores em ações de desvio de recursos públicos promove uma imagem negativa da administração pública, afeta a legitimidade do Estado e enfraquece a democracia. Entretanto, é preciso que a sociedade perceba que esse tipo de conduta se refere a apenas uma minoria. A grande maioria é de pessoas honestas. Se assim não fosse, a administração pública não funcionaria. Mas ela funciona, embora sempre possa melhorar. Diariamente presta serviços a milhões de pessoas em todo o país, em todos os níveis de governo e em todos os poderes. Cumpre, além disso, funções sociais importantíssimas, principalmente na provisão de serviços para a população mais carente, mais dependente do Estado. Nesse quadro, os relatos diários na mídia quanto às mazelas do setor público são úteis para manter aceso o nosso desejo de enfrentar permanentemente o desafio rumo ao aprimoramento.

Imagine-se, por hipótese, que todos os hospitais, delegacias e escolas públicas fechassem, parassem de funcionar. Teríamos um caos social estabelecido no nosso país. Esse caos é evitado diariamente pela prestação de serviços do setor público à população. Esse é o lado bom, que não tem a merecida divulgação e valorização.

Quem acompanha a história do Brasil sabe como evoluímos na construção de um Estado moderno, capaz de prover uma enorme gama de serviços públicos para a população, com a criação do Sistema Único de Saúde, a universalização do ensino básico, a formação da rede de universidades federais, a organização da previdência social, a construção de estradas, portos, sistemas de telecomunicações e de energia elétrica, entre tantos outros exemplos, nas várias áreas de interesse da população.

O Estado é o principal instrumento de que a sociedade dispõe para promover a igualdade de oportunidades e a melhoria das condições de vida. Para tanto, a boa aplicação dos recursos públicos é condição necessária. Ampliar o acesso da população aos serviços públicos ou criar serviços é uma decisão política, não técnica, mas, toda vez que a sociedade brasileira tomou alguma decisão nesse sentido, foi a administração pública que a fez valer.

Precisamos, por conseguinte, de um Estado competente na gestão da coisa pública, que seja, em decorrência, respeitado pela população. Entretanto, a forma como vem se dando o debate sobre a corrupção no setor público é preocupante, em função das suas implicações na desqualificação da administração pública e da democracia. Temos uma imagem genérica de um setor público todo comprometido com práticas não republicanas, o que pode disseminar a mensagem de que não temos capacidade, enquanto sociedade, de nos organizarmos coletivamente em forma de Estado. Essa imagem pode também levar a atitudes individualistas, como "fazer justiça com as próprias mãos", pela descrença nos poderes constituídos.

A desqualificação do Estado, além disso, reduz a nossa autoestima. Comentários como "neste país nada funciona", "só podia ser no Brasil" e tantos outros no mesmo sentido dão testemunho disso. Nelson Rodrigues, reconhecendo esse traço cultural, batizou-o de "complexo de vira-lata", que vem a ser uma postura de inferioridade do brasileiro em relação aos estrangeiros dos países desenvolvidos. Se ainda não o fizemos, é tempo de virar essa página, encontrando maneiras de conduzir as discussões de forma que elas ao mesmo tempo sirvam de instrumento de combate à corrupção e preservem a legitimidade do Estado.

Personificação da corrupção

Outro aspecto importante no debate dos problemas da gestão pública é a tendência à personificação dos males que afetam o funcionamento do serviço público. A mídia sempre repercute os casos de corrupção com grande destaque. Mas, em geral, o debate desses casos se reduz a encontrar um responsável, um meliante de plantão, como se bastasse prender o culpado do momento e o problema, seja do desvio dos recursos, seja da baixa qualidade dos serviços, estaria resolvido. Ora, atribuir os casos de corrupção a algum inimigo público número um da hora apenas limita o debate e menospreza a complexidade dos problemas.

Por princípio, a impunidade deve ser combatida e os autores devem ser responsabilizados. Não podemos, contudo, nos contentar com tão pouco. Precisamos refletir sobre as causas e identificar as regras de gestão do setor público que devem ser corrigidas e aprimoradas para evitar a repetição do erro. Caso contrário, iremos sempre punir o meliante da vez, mas logo outro aparecerá.

Foi esse o comportamento que tivemos, por exemplo, com a famosa CPI dos Anões do Orçamento, no Congresso Nacional (1993), que apurou o envolvimento de congressistas em fraudes com recursos da União. Escolhidos os malfeitores de plantão, cassaram-se mandatos e ficamos todos satisfeitos, tudo resolvido. Mas o problema, nesse caso de manipulação do orçamento público para beneficiar interesses privados, continuou existindo, conforme pudemos acompanhar pela operação Lava Jato.

Foi a nossa incapacidade ou terá sido a superficialidade do debate que nos impediu de resolver o problema?

De um modo ou de outro, enquanto continuarmos achando que o setor público vai evitar o desvio de recursos apenas com a prisão do delinquente do momento, estaremos, na verdade, frustrando as expectativas, aumentando o descrédito da população e, por consequência, desqualificando o Estado e a democracia. É preciso, portanto, aprofundar o debate. Como dizem, "insanidade é fazer as coisas da mesma maneira e achar que teremos resultados diferentes". Sofremos de uma insanidade coletiva em relação aos desvios? Ou o jogo do poder tem imposto soluções que não atendem ao interesse público, e que acabam por corroer a legitimidade do Estado?

O fato é que a forma como esses debates têm sido conduzidos, com foco na personificação dos responsáveis — com aquiescência geral, é bom dizer —, produz um diversionismo que nos impede, a todos, de debater com mais profundidade as reais soluções para os problemas e evitar sua repetição. Erros novos não podem ser evitados, mas repetir velhos erros é inaceitável. As discussões superficiais são manobras de quem não quer mudar nada, de quem se beneficia da situação corrente e se aproveita da forma como estamos tratando o assunto: queremos tão somente identificar e prender o responsável e dar o assunto por encerrado.

O que precisamos debater, então, além das responsabilidades pessoais, são as regras de funcionamento da gestão pública, para identificar e implementar mudanças institucionais que evitem ou inibam comportamentos indesejados na administração pública. Comissões de inquérito que não tragam mudanças efetivas só produzem mais descrédito dos poderes constituídos perante a população, desqualificam as instituições e enfraquecem a democracia.

O remédio de sempre — aumento do controle —, como já percebemos, também não resolve o problema.

Corrupção e profissionalização

Um fator que favorece enormemente os desvios de recursos públicos para beneficiar interesses privados é a possibilidade de preenchimento de cargos comissionados por critérios meramente fisiológicos ou clientelistas.

Com a finalidade de utilizar recursos públicos para seu benefício, favorecer clientelas políticas para obtenção de votos em eleições ou simplesmente empregar militantes partidários, os grupos de interesse com força política conseguem nomear pessoas da sua confiança para os cargos comissionados. Como resultante, a administração pública fica à mercê dos interesses privados. Esse é um problema enfrentado por todos os países ao longo do processo de organização dos seus respectivos Estados.

A solução encontrada, em todo o mundo, foi profissionalizar o serviço público. Nos diferentes países, foram definidas regras para acesso tanto aos cargos efetivos quanto aos comissionados, sendo a principal delas a exigência de concurso para provimento dos cargos efetivos. Em relação aos comissionados, as medidas mais importantes foram a redução do número de vagas a serem preenchidas por não concursados e a adoção de critérios técnicos para a escolha e nomeação de seus ocupantes.

No Brasil, a profissionalização do serviço público, em todos os níveis de governo e poderes, ainda é um objetivo distante, uma deficiência que favorece condutas inadequadas. A precariedade da profissionalização, em geral, é menor no governo federal e aumenta no sentido dos municípios.

Uma medida concreta e importante para enfrentar o problema foi a inclusão na Constituição de 1988 da obrigatoriedade de concurso para acesso aos cargos efetivos em todas as organizações do setor público. Essa determinação constitucional, contudo, não é plenamente obedecida em todo o país, pois os governos não criam os cargos efetivos necessários. Parte dessa desobediência tem a ver com o debate sobre o que o Estado deve fazer diretamente e o que repassar a terceiros, ainda em andamento no país.

A dificuldade de introduzir a profissionalização no serviço público brasileiro sempre foi muito grande. Para ilustrar, dados referentes a 1966 nos mostram que, dos 677 mil servidores públicos do país, apenas cerca de 100 mil eram concursados.[1]

---

1 PEREZ, Maurício Dominguez. *Lacerda na Guanabara*: a reconstrução do Rio de Janeiro nos anos 1960. Rio de Janeiro: Odisseia, 2007. p. 66.

Esses números indicam que a prática dominante para ocupação dos cargos públicos, efetivos ou comissionados, não se pauta, historicamente, por critérios de profissionalização.

O panorama começou a mudar com a obrigatoriedade constitucional do concurso. Não obstante, permanece uma enorme discricionariedade quanto ao preenchimento de cargos comissionados. Cada governo estabelece sua própria regra. Mesmo assim, vem avançando na administração pública brasileira a prática de reservar alguns cargos comissionados exclusivamente para servidores concursados. Essas medidas — concurso público e reserva de cargos para ocupação exclusiva por servidores públicos — são bons exemplos que apontam para uma maior profissionalização da administração pública. No entanto, a nomeação de pessoas comprometidas com práticas fisiológicas para os cargos comissionados ainda é responsável, em parte, pela existência de desvio de recursos públicos das suas finalidades. Impõe-se, portanto, aperfeiçoar as atuais práticas de nomeação para esses cargos.

De uma maneira geral, a profissionalização da administração pública avança a passos lentos, evidência de que o tema enfrenta uma grande resistência cultural e está profundamente incorporado na nossa prática política.

Corrupção e eficiência

O fato de a população ser levada a achar que o maior problema da gestão pública brasileira é a corrupção mascara a brutal ineficiência existente no setor, em todos os níveis e poderes.

O Estado, como organização, dispõe de milhões de servidores, de trilhões de reais de orçamento, de um patrimônio fabuloso e de outros recursos de poder, como a capacidade de impor obrigações, que devem estar a serviço da população, para a melhoria das suas condições de vida.

Podemos imaginar o enorme impacto na vida da população se aumentássemos a produtividade do setor público, mesmo que apenas um pouco. No mínimo, ampliaríamos o acesso aos serviços para milhões de pessoas e liberaríamos bilhões de reais para investimentos em áreas carentes, como educação, saúde, transportes públicos e infraestrutura.

Temos, hoje, uma enorme pressão por mais e melhores serviços públicos. As manifestações populares de junho de 2013 evidenciaram isso. Mas como aumentar a provisão de serviços públicos sem aumentar a carga tributária, que hoje compromete uma parte importante dos orçamentos familiares e a competitividade das nossas empresas?

Aumentar a eficiência na aplicação dos recursos públicos é uma solução. E uma das medidas mais importantes pode ser rever as regras do seu funcionamento, ou seja, reformar o marco regulatório administrativo e de controle no sentido de aumentar a flexibilidade da gestão. No entanto, toda vez que há uma denúncia sobre desvio de recursos públicos, da superficialidade do debate das causas surge sempre uma solução que prevê o aumento do controle. Assim, vamos cada vez mais engessando o funcionamento da administração pública e comprometendo a sua eficiência. É uma cultura antiquada, essa de utilizar o controle como a única ou a melhor forma para evitar desvios dos recursos públicos. Não se trata de defender a redução dos mecanismos de controle, mas sim de revê-los, para que, sendo mais inteligentes, comprometam o mínimo possível a eficiência na prestação dos serviços públicos.

Entretanto, se todos reconhecemos a enorme importância de aumentar a eficiência do setor público, por que o tema não é prioridade no debate político nacional? A eficiência passou a ser preceito constitucional e princípio de organização da administração pública apenas em 1998, com a aprovação da Emenda Constitucional nº 19. Trata-se de um avanço; entretanto, a implantação desse conceito ainda é um enorme desafio. Não é um tema que mobilize os atores políticos e muito menos a população, com a prioridade devida. O debate sobre os problemas da gestão pública fica monopolizado pela falta de recursos financeiros ou pelo desvio deles das suas finalidades, e não pela eficiência da sua utilização.

Precisamos, portanto, jogar luz sobre as consequências da ineficiência para a qualidade de vida da população e aprofundar o debate.

Corrupção e inequidade

Em setembro de 2003, o Ministério da Fazenda divulgou um estudo comparativo sobre os gastos públicos no Brasil e na Inglaterra. A conclusão foi que os 10% mais ricos no Brasil se apropriavam 12 vezes mais dos gastos públicos do que os 10% mais ricos na Inglaterra. E mais: se não considerássemos os gastos públicos, a distribuição de renda da Inglaterra se assemelharia à do Brasil. A Inglaterra, portanto, usando o gasto público como instrumento, promove o combate à desigualdade com muito mais eficácia do que o Brasil, mesmo tendo em conta as consideráveis melhoras que obtivemos nesse campo nos últimos 20 anos.

O que esse estudo também nos sugere é que temos uma corrupção das finalidades do Estado brasileiro. Se o combate à pobreza, à desigualdade e à exclusão social é uma das principais finalidades do Estado, fica evidente que vivemos um processo inteiramente distorcido em relação ao gasto público no nosso país. Essa distorção foi sendo construída ao longo do tempo, em função da pressão política dos vários grupos, que direcionaram o orçamento público segundo seus interesses particulares. São muitos e variados os grupos de interesse: os próprios servidores públicos, em função da sua conveniência em ampliar salários e benefícios; os empresários, em busca de isenções fiscais, de preferências na contratação de obras públicas e de compras governamentais; as organizações públicas, que pressionam por ampliar seus orçamentos individuais, sem consideração pelas prioridades da sociedade; os políticos, que pressionam por direcionar o orçamento público para suas bases eleitorais ou para empregar seus eleitores; os sindicatos, que pressionam por privilégios para suas categorias; e simplesmente grupos com interesse em desviar recursos públicos para seus próprios benefícios. A lista é extensa, e a defesa desses interesses faz parte do processo democrático. Ilegítimos são apenas os grupos corruptos que lutam por seus interesses privados.

No entanto, é fácil perceber que os mais pobres, geralmente os mais desorganizados, não terão muita influência na disputa pela partilha do orçamento público. Essa imensa desigualdade, na luta política, pela partilha do orçamento público é que leva à corrupção das finalidades do gasto público em relação ao combate à exclusão social. Há um enorme desvio de finalidades, embora todo ou quase todo o gasto provavelmente esteja dentro da legislação. E essa situação só se resolve com o tempo, com a ampliação da democracia e com a incorporação de setores da sociedade ainda excluídos desse debate.

3.

Gestão e controle

A administração pública tem como finalidade prestar serviços à população, mas deve fazê-lo dentro da legalidade, com transparência e ao menor custo possível. Para isso, conta com um marco regulatório administrativo e de controle, que estabelece as regras do seu funcionamento e da sua prestação de contas.

Essas regras, juntamente com as instituições e organizações que as implementam, foram criadas e modificadas, no correr do tempo, para garantir a boa utilização dos recursos públicos e para adequar o controle às necessidades e demandas da sociedade. Mais rígidas em alguns momentos, mais flexíveis em outros, ainda que poucos, as regras são alteradas ao sabor dos acontecimentos. Em geral, quando ocorre algum escândalo de desvio de recursos públicos, enrijecemos os controles, e, quando precisamos de mais rapidez, flexibilizamos os mesmos ou somos criativos, como no caso da criação do regime diferenciado para contratações na Copa do Mundo de 2014. Aliás, o debate ocorrido sobre as regras de licitações em relação às obras da Copa do Mundo é um bom exemplo do reconhecimento de que as normas de controle precisam ser definidas de forma a não comprometer a eficiência e a eficácia na prestação de serviços públicos à população.

Harmonizar esses dois grandes objetivos, controle e resultados (eficiência, eficácia e efetividade), não tem sido fácil para a gestão pública e cria tensão entre os controladores e gestores. São duas perspectivas aparentemente opostas: de um lado, os gestores, preocupados em alcançar resultados; do outro, os controladores, atentos à correta aplicação dos recursos públicos. Falso dilema, contudo, pois tanto o objetivo de obter resultados quanto o de controlar a correta aplicação dos recursos são igualmente importantes e necessários. Ambos se fazem em prol da população. Entretanto, há um desequilíbrio de poder, propiciado pelo nosso marco regulatório administrativo e de controle, entre a execução e o controle, em favor deste, que compromete igualmente a eficiência e a eficácia da prestação dos serviços públicos.

Um dos grandes desafios da gestão pública ao longo do tempo tem sido o de organizar um sistema de controle que, ao mesmo tempo, garanta o atendimento das condições estabelecidas pela sociedade para a utilização de recursos públicos e permita uma administração pública de resultados.

Discutir a relação entre execução, resultados e controle na gestão pública, bem como apresentar uma proposta para seu aperfeiçoamento, é o que pretendemos fazer a seguir.

Reforma institucional

A construção de um entendimento comum entre gestores e controladores sobre as regras e sua aplicação, e mesmo sobre o seu aperfeiçoamento, não é facilitada pelas instituições existentes, porque há um desbalanceamento de poder em favor do controle, além de uma falta de coordenação entre os órgãos responsáveis. Cada um decide segundo seu próprio entendimento, em geral sem considerar tanto o ponto de vista dos outros quanto as implicações das decisões, o que tende a criar ineficiência e dificultar a obtenção de resultados.

Assim, qualquer decisão sobre regras de gestão tem de levar em conta não apenas sua contribuição para evitar desvios dos recursos, mas também seu impacto na eficácia e na eficiência da gestão. Os órgãos públicos com responsabilidades na definição das regras de gestão, portanto, só poderão garantir que suas regras específicas não comprometem as finalidades da administração pública, assim como sua eficiência e eficácia, se as decisões sobre elas forem tomadas de comum acordo e todas as partes interessadas forem ouvidas. A persistir o atual padrão de decisões isoladas por cada órgão, continuaremos sem ter uma boa avaliação antecipada sobre o seu impacto no alcance de resultados e na eficiência.

Por conseguinte, uma reforma institucional que permita a coordenação dos vários órgãos responsáveis é fundamental para harmonizar as diferentes visões sobre a finalidade da gestão pública e sobre os valores e princípios que devem norteá-la. Esse entendimento, a ser feito previamente à aplicação das ações, deverá permitir a definição de regras de controle que dificultem o mínimo possível a obtenção de resultados.

Em síntese, a reforma institucional do sistema de controle público terá que garantir à sociedade que os recursos serão bem utilizados, sem desvio de finalidades, que o custo administrativo do controle será adequado e que ele não comprometerá a eficiência, a eficácia e a efetividade da gestão pública. Essa reforma deverá permitir uma maior coordenação entre os órgãos do Executivo federal, que definem regras de gestão, assim como entre o Executivo federal, o Tribunal de Contas da União e o Ministério Público Federal, pois todos eles interferem no dia a dia da administração pública.

O ministério responsável pela gestão pública deveria, também, coordenar, no âmbito do governo federal, um fórum das secretarias que definem regras de gestão nas áreas de pessoal, orçamento, finanças, compras, tecnologia da informação, administrativa, de patrimônio e de controle, com o objetivo de orientar a formulação das suas respectivas regulamentações, a partir de um mesmo entendimento sobre a prioridade do alcance de resultados em relação ao controle e ao menor custo possível.

E quais seriam os temas que deveriam fazer parte de um diálogo nacional para rever o marco administrativo e de controle da administração pública? É o que nos propomos a discutir nos próximos tópicos.

Conceito de gestão

O primeiro tema a ser debatido é o conceito de gestão. O entendimento a respeito do que é gestão, como o setor público deve praticá-la e qual a sua finalidade está na base de uma futura reforma do marco regulatório administrativo e de controle, que orienta a gestão pública.

A administração pública tem o grande desafio de produzir resultados de qualidade para a população na prestação de serviços de saúde, educação, segurança pública, transportes e tantos outros, principalmente para os mais pobres, que são os que mais dependem do bom funcionamento do Estado. Mas, claro, para isso, o setor público precisa ser competente na sua gestão. É preciso, então, definir o conceito de gestão considerado neste texto, antes de debater as relações entre a gestão e o controle. Como já disse, considero aqui a definição de gestão de Peter Drucker: "Gerir é tomar providências para que os resultados ocorram". Mas quais seriam essas providências, no caso de um gestor público?

Entre as providências a serem tomadas por um gestor público, destacam-se: comprar bem, tomar decisões, gerenciar pessoas, fornecedores e orçamentos, capacitar e motivar pessoas, fazer pagamentos, resolver problemas não previstos, responder questionamentos do controle, cumprir prazos, prestar serviços com qualidade, prestar contas à sociedade e manter com ela uma interlocução constante, planejar as ações, monitorar o planejamento, entre outras. Essa lista não é exaustiva, e essas providências devem ser tomadas em estrita obediência à legislação em vigor — que, no setor público, é muito restritiva e condiciona a velocidade da execução — para que se cumpra a função social da administração pública, considerando o mandato legal de cada órgão público e as metas definidas no seu processo de planejamento estratégico.

Temos, então, uma função complexa, a gestão, que envolve um conjunto de providências muito amplas, a serem executadas dentro de um ambiente legal bastante restritivo. Precisamos, portanto, conhecer melhor essas restrições, o ambiente legal e a cultura de gestão do setor público, estabelecendo um diálogo nacional entre as partes interessadas, tendo em vista a reformulação do marco regulatório administrativo e de controle da administração pública.

Construir um diagnóstico comum sobre os problemas enfrentados pela gestão pública para definir seus resultados e tomar as providências necessárias para alcançá-los é precondição para o entendimento de todos os setores interessados no tema.

Controle de processos e resultados

A cultura dominante representada pelo marco regulatório administrativo e de controle que rege a gestão pública privilegia mais o controle dos processos do que a obtenção de resultados. Valorizamos demais o formalismo. Criamos uma quantidade excessiva de regras, muito detalhadas, o que afeta a produção e a qualidade dos resultados, bem como a eficiência da gestão. Para corrigir essa distorção, existe hoje a proposta de inverter a lógica dominante, substituindo-a por outra: a de gestão para resultados.

Qual gestor nunca ouviu da parte do pessoal de controle que "vícios de legalidade comprometem os resultados alcançados"? Frase clássica, que explicita a cultura da ênfase no controle dos processos em relação à obtenção dos resultados, significando que não foram seguidos todos os regramentos legais para a prestação de algum serviço, segundo o entendimento de algum órgão de controle. Aliás, frequentemente, como já disse, há divergências entre os controladores e gestores sobre o entendimento das regras de controle, na sua aplicação prática, no dia a dia.

Ora, resultados não são comprometidos por "vícios de legalidade". Se uma ponte foi construída e está beneficiando a população, os "vícios de legalidade" porventura existentes na execução da obra não têm como impedir que a população usufrua da obra. Podem é complicar a vida do gestor, se ficar provado o desvio de recursos, pois ele terá que responder a sindicâncias e inquéritos administrativos ou até policiais. Agora, se entendermos que essa frase simboliza que o gestor não pode agir desrespeitando a legislação, não haverá quem discorde dela. Na realidade, porém, ela representa a cultura de privilegiar mais o controle dos processos do que a produção de resultados.

O nosso desafio permanente, portanto, é equilibrar controles e resultados. Esse equilíbrio é dinâmico, e nós temos que perceber como ele se dá em cada conjuntura, sem perder de vista que as regras de controle devem facilitar o mais possível a obtenção de resultados. Valorizar mais o processo do que o resultado subverte a própria finalidade do setor público, constitui na realidade uma inversão de valores, pois as regras de controle são apenas uma condição necessária para a prestação de serviços. Não estamos defendendo que não se cumpra a regulamentação, mas sim que o principal critério condicionante da definição das regras procedimentais seja obter ganhos para a sociedade.

É fora de dúvida que as regras são indispensáveis, porquanto se trata de garantir a boa aplicação dos recursos públicos em milhares de decisões e ações, implementadas por milhares de servidores públicos, espalhados por todo o país. Isso requer padrões a serem uniformemente seguidos por todos os gestores e servidores, tanto na execução das ações quanto nas prestações de contas. Além disso, é preciso coibir o desvio de recursos públicos pelo superfaturamento das obras e serviços, pelo direcionamento de licitações para determinados fornecedores ou mesmo pela aplicação de recursos em algo diverso do objeto original.

Entretanto, podem ocorrer erros apenas formais, por falta de observância de alguma regra processual, por exemplo, sem que fique caracterizado dolo na aplicação dos recursos. O alcance das finalidades do setor público deve servir como atenuante em relação a esse tipo de erro, na avaliação da gestão por parte dos órgãos de controle. A legislação deve permitir dos órgãos de controle priorizar os resultados em detrimento dos erros formais. Não é possível gerir qualquer organização, seja pública ou privada, sem cometer erros. A legislação tem de admitir a possibilidade de erros, desde que não haja desvio de recursos públicos das suas finalidades.

Portanto, apesar de o controle ser um dos princípios mais importantes da administração pública, não é o único. A necessidade de regras de controle sempre levará a uma maior valorização dos processos em relação aos resultados, gerando uma ineficiência estrutural na gestão, comparativamente ao setor privado. Mas devemos ter o cuidado de não exagerar nessas regras, em vista da sua repercussão na eficiência, eficácia e efetividade da prestação de serviços públicos. Não obstante, bem reconhecemos a sua importância para evitar o desvio dos recursos e a captura do setor público por interesses privados.

Assim, é preciso aprimorar continuamente as regras de controle que definem as condições em que os serviços públicos são prestados, e a sociedade, hoje, deve estar disposta a mudar essas regras, no sentido de flexibilizá-las, sem o que não há possibilidades de melhorar a gestão pública e introduzir a cultura de resultados, em benefício da população.

A reivindicação por melhorias na prestação dos serviços, explicitadas em várias manifestações populares, particularmente a partir de 2013, impõe à administração pública a responsabilidade de rever essas regras, e à sociedade, o desafio de apoiar essas mudanças.

A legislação e suas interpretações

Um tema correlato com o anterior é o da multiplicidade de interpretações da legislação. O gestor quer realizar, fazer acontecer o mais rápido possível. A velocidade da tomada de decisão e da execução é um fator essencial para uma boa prestação de serviços à população. Esse intento, contudo, sofre restrições em função da legislação vigente, a qual muitas vezes faz com que coisas banais demorem um tempo absurdo para serem realizadas. Mas, além das dificuldades impostas pela legislação à execução, existe um complicador adicional provocado pela diversidade das interpretações da lei.

Assim, é preciso criar um entendimento comum a respeito das interpretações da lei, não necessariamente sendo o caso de apenas mudar a legislação. Em geral, em relação à auditoria dos atos de gestão, prevalece o parecer do controle interno sobre o do gestor, e o dos tribunais de contas (União, estados, municípios) sobre o do controle interno. Conflitos de interpretações entre o gestor, o controle interno e os tribunais de contas fazem parte do processo.

Alguns podem interpretar essa diversidade como evidência de um processo democrático e transparente, e é mesmo. Mas também temos que reconhecê-la como fator de insegurança jurídica para o gestor, o que também é verdade. Como decidir, no setor público, se a decisão de um gestor, baseada em pareceres legais da unidade jurídica e de controle que o apoiam, pode ser contestada pelos órgãos de controle interno ou externo, em função de interpretações diferentes? E, pior, o gestor pode ser penalizado pela decisão tomada em função dessa diversidade de interpretações. Isso provoca um jogo de empurra no processo decisório, em que ninguém quer decidir para não ser responsabilizado. Há até uma pilhéria no setor público para caracterizar esse fenômeno: é o chamado "processo au-au". É o processo que passa de um ao outro, de mão em mão, e ninguém decide, todos tentando empurrar a decisão para o próximo. Temos, então, por um lado, transparência; por outro, insegurança e ineficiência.

Mas, além das leis restritivas, além das interpretações que provocam insegurança no processo decisório, temos um fenômeno cultural que é a criação de regras inspiradas nessa legislação. Criamos, cada vez mais, normas restritivas inspirados nessa cultura de controle e de desconfiança. Estamos indo além da lei. Os órgãos públicos, não apenas os de controle, imbuídos dessa cultura, criam cada vez mais normas restritivas em relação à execução. Há até líderes políticos que se valem desse traço cultural do setor público e da sociedade para projetar a imagem de austeridade na aplicação dos recursos públicos maior que a dos seus adversários, ou mesmo para responder politicamente a uma demanda da sociedade em função de uma denúncia de corrupção.

Passa-se a imagem, simplista, de que o aumento do controle é o único antídoto para o combate à corrupção, e também de que há um descontrole no setor público, a ser sanado com a criação de mais regras de controle.

Tudo isso vai dificultando a execução e a produção de resultados para a população, consequência que não é valorizada pela sociedade e pelas lideranças políticas quando da tomada desse tipo de decisão. Quantas vezes ouvem-se comentários, vindos dos próprios servidores, de que nada se pode fazer no setor público, em função da legislação existente, que dificulta a tomada de decisão e a ação do gestor? Ou que a legislação induz o servidor público a dizer "não" em relação a uma decisão que precisa ser tomada, mais do que incentivá-lo a procurar alternativas que viabilizem uma execução mais eficiente? Tudo isso em função da imprevisibilidade do julgamento dos órgãos de controle sobre as decisões tomadas pelos gestores. Essas são noções recorrentes no dia a dia da administração pública, que nos chamam a atenção de que alguma coisa pode não estar bem e precisa ser melhorada.

De fato, quanto tempo os servidores públicos gastam para encontrar alternativas legais para executar coisas simples, tempo que poderiam usar para tarefas mais produtivas, como, por exemplo, melhorar a qualidade do serviço prestado à população? É preciso criar no setor público um ambiente favorável à prestação de serviços, com eficiência, qualidade e inovação. Um ambiente no qual os gestores se sintam confortáveis para tomar uma decisão e se responsabilizar por ela, em que os ganhos de eficiência sejam valorizados, e a inovação, incentivada.

Condicionantes do controle: ambiente político e tecnológico

Hoje em dia, há duas dimensões importantes que condicionam a definição das regras de controle: a forma como se dá a relação entre o Estado e a sociedade, ou seja, a nossa cultura política, administrativa e jurídica, e a atual disseminação do uso das tecnologias de informação e comunicação pela sociedade.

Na vertente política, práticas sociais inadequadas na relação entre Estado e sociedade — clientelismo, fisiologismo, aparelhamento partidário, nepotismo, empreguismo, favorecimento de grupos privados em processos licitatórios — levaram à criação de regras de controle voltadas para a inibição dos comportamentos impróprios. A superação dessas práticas sociais, que comprometem o interesse público, requer um amadurecimento político da população e da classe política. O avanço da democracia no país tem levado a uma intolerância muito maior da população com essas práticas do que no passado.

Ao longo do tempo, essas regras desenvolveram, na administração pública, culturas de controle e jurídicas que levaram a uma valorização muito maior do formalismo e dos procedimentos burocráticos detalhistas do que do alcance de resultados.

As modernas tecnologias de informação e comunicação têm proporcionado à administração pública um grau de transparência sem precedentes, o que pode permitir uma maior flexibilidade nos atuais controles, favorecendo expressivos ganhos de eficiência gerencial. A criação dos portais da transparência, prática generalizada no setor público, nos últimos anos, é um exemplo de prática positiva possibilitada pelas tecnologias de informação e comunicação. A população pode acompanhar toda a execução de despesas, quanto se gastou, quem recebeu e o que foi feito com os recursos públicos a partir da sua residência, por meio da internet. A disponibilização para a sociedade dos bancos de dados do setor público incentiva a criação, por parte dos interessados, de várias análises dos impactos das políticas públicas. As redes sociais e a ampla disseminação de telefones celulares, conectados à internet, permitem uma enorme interação da população com os órgãos de controle.

Ainda não está claro o impacto que essas tecnologias terão no controle social da administração pública e na mudança da cultura política que permeia a relação do Estado com a sociedade. O que está claro é uma forte tendência para a transparência do setor público, com a disseminação dessas informações, propiciada pelas tecnologias de informação e comunicação.

O enorme impacto na eficiência com a reformulação do marco regulatório administrativo e de controle do setor público, no sentido da redução das normas detalhistas e formalistas possibilitada pela incorporação de tecnologias de informação e comunicação, infelizmente não aparece no debate sobre a gestão pública como um tema de grande relevância.

Controle público e privado

Comparativamente, o sistema de controle da administração pública é mais complexo, formal e detalhista do que o da gestão privada, o que torna aquele muito menos eficiente do que este. Contudo, é natural que seja assim, pois eles têm objetivos diferentes: a administração pública tem por objetivo cumprir sua função social, e a administração privada, gerar lucro para seus acionistas.

O setor público precisa controlar a aplicação de recursos públicos tanto no aspecto do cumprimento da sua função social quanto no acompanhamento da legalidade da aplicação do enorme volume de recursos financeiros movimentados nos milhares de órgãos públicos espalhados por todo o país.

No setor privado, os interessados acompanham de perto a execução das despesas, pois disso depende o seu lucro. Já os interessados no gasto público, os milhões de cidadãos espalhados por todo o país, não têm condições de acompanhá-lo de perto. Por isso é que são criadas as regras para a execução das despesas. Bem diversas das existentes nas organizações privadas, essas regras devem ser adequadas ao ambiente político específico do setor público e garantir que os recursos estão sendo bem utilizados.

Do ponto de vista da legislação, o setor privado pode praticar qualquer ato de gestão que não seja proibido. Já o setor público só pode praticar o que seja explicitamente permitido pela legislação, como se fosse possível a legislação prever todas as questões a serem decididas pelos gestores no dia a dia da prestação de serviços. Esse princípio introduz uma grande dificuldade na execução dos atos administrativos e provoca uma constante tensão entre gestores e controladores, em função de entendimentos diferenciados sobre o que pode e o que não pode ser praticado no dia a dia da gestão pública, à luz da legislação. De um lado, aqueles que têm a missão de prestar serviços à população questionam constantemente os limites e os princípios do controle. De outro, os que têm por missão fazer com que os recursos públicos sejam aplicados dentro dos limites e princípios estabelecidos pela legislação querem sempre maior detalhamento dos procedimentos administrativos e maior documentação do processo decisório. A superação dessa dicotomia depende de um amplo diálogo nacional envolvendo todos os interessados, conforme estamos propondo e detalharemos mais à frente.

Uma diferença importante entre controle público e privado é o ambiente político que envolve a gestão pública e as consequentes implicações no funcionamento do seu controle.

Constantemente é utilizada, como estratégia política, a prática de fazer denúncias aos órgãos de controle do setor público, particularmente sobre corrupção.

Grupos de oposição aos governos de plantão, fornecedores que se sentem prejudicados em licitações, sindicatos, organizações da sociedade e quaisquer cidadãos podem formalizar uma denúncia, anônima ou não, questionando alguma decisão ou ação de um órgão público, por interesses políticos, ideológicos, financeiros ou para evitar corrupção. Algumas denúncias podem ter interesse público, outras não, colocando para os órgãos de controle a difícil tarefa de separar o joio do trigo. Um erro de avaliação entre a denúncia que deve ser investigada e outra que deve ser arquivada pode comprometer a eficiência da administração, favorecer corruptos, provocar uma crise política ou paralisar determinada ação ou licitação em curso, prejudicando a prestação de serviços à população.

Em geral, a formalização da denúncia cria para o órgão de controle a necessidade de iniciar uma ação de investigação, para evitar que o agente público seja acusado de prevaricação. O agente público, responsável por apurar a denúncia, pode até achar, em alguns casos, que ela não tem muito sentido; mas, com medo de ser responsabilizado caso a arquive, é levado a abrir um procedimento investigatório que obviamente irá consumir recursos desnecessários, seja do órgão investigador ou do investigado. Portanto, essa responsabilidade objetiva dos agentes públicos cria uma insegurança jurídica para os controladores e incentiva a ineficiência na gestão dos recursos e a cultura de denúncias como instrumento político.

O simples fato de uma investigação ser aberta em algum órgão de controle (Ministério Público ou Tribunal de Contas, por exemplo) pode ser utilizado como argumento para conferir credibilidade às denúncias. A prática rotineira desses órgãos de apuração passa, assim, a ser instrumentalizada pela luta política. Frequentemente vemos matérias na mídia, com grande destaque, relatando denúncias de corrupção ainda em apuração nos órgãos de controle. Não se espera nem a conclusão das investigações para os interessados capitalizarem politicamente a denúncia. Não importa se ao fim das investigações nada ficar comprovado; o objetivo político já foi alcançado com a simples abertura do processo investigatório, pois isso permite dar credibilidade à denúncia e aos denunciantes.

A denúncia é uma importante fonte de informações para os órgãos de controle, mas é preciso cuidado na tarefa de filtrá-las, separando as que devem ser investigadas e as que devem ser arquivadas. Decisão difícil, pois os denunciantes podem não concordar com o arquivamento de alguma delas, por exemplo, e denunciar por prevaricação os agentes públicos responsáveis pelo arquivamento. Por outro lado, a aceitação de denúncias sem reais indícios de corrupção pode transformar os órgãos de controle em peças na disputa pelo poder. Para complicar ainda mais, uma mesma denúncia pode ser feita a vários órgãos de controle e todos podem abrir investigações para apurá-la. Infelizmente, esse tipo de denunciante de má-fé não é responsabilizado por promover desperdício de recursos públicos.

Torna-se evidente, então, a necessidade de dotar os órgãos de controle de segurança jurídica para avaliarem se a denúncia merece ser investigada ou não; é preciso, também, revermos essas regras que permitem que a mesma denúncia seja feita em vários órgãos.

Compras

Uma das maiores dificuldades para um gestor público, no seu dia a dia, é ter que comprar alguma coisa para a execução das ações programadas. A dificuldade começa pela especificação do bem ou serviço a ser comprado e pela construção do edital, que deve garantir o máximo de competição possível no mercado e atender às exigências legais e, ao mesmo tempo, garantir a qualidade do bem ou serviço a ser comprado ou contratado. Esse é um exercício necessário e exasperante, consome muitas horas de trabalho e, muitas vezes, leva ao desperdício de recursos públicos, ou porque o produto comprado não tem qualidade, ou porque a empresa ganhadora da licitação não cumpre seus compromissos. E não é simples e fácil resolver pendências com fornecedores, dentro do quadro legal existente. Quantas obras estão paradas há anos por pendências como superfaturamento, qualidade do bem, falta de cumprimento do contrato etc.?

Acresce-se a esse conjunto de dificuldades o enorme tempo que se despende para execução de uma compra, dentro das regras legais. Podemos levar anos de discussões em um processo de compras, se houver divergências entre os fornecedores e essa disputa for judicializada ou se o Tribunal de Contas questionar os editais e suspender o certame licitatório. Esse tipo de situação é bem comum na administração pública e prejudica a prestação de serviços à população. Imaginem a consequência para os usuários do SUS da não finalização de uma licitação para manutenção predial de uma rede pública de hospitais, por disputa judicial entre fornecedores.

Temos, portanto, uma enorme oportunidade de melhoria da eficiência na gestão pública no processo de compras e contratações.

Há, também, outro aspecto importante nessa questão, que é a diversidade de qualificação dos órgãos públicos espalhados pelo país. São inúmeras as prefeituras do interior que não têm a menor condição de atender à complexidade da legislação. O mesmo se dá com as estruturas públicas que prestam serviços em regiões distantes dos grandes centros urbanos, para atender a populações indígenas ou nas fronteiras nacionais. Nesses casos, como seguir a legislação vigente de compras, por exemplo? Teremos que cumprir a mesma lei em todas as situações? Além disso, a saúde pública, em função das suas especificidades, não deveria ter regras próprias para efetuar compras?

Não temos respostas prontas para as questões levantadas, defendemos apenas que devemos procurar soluções para elas, e não as ignorar. Essa diversidade de situações nos mostra que não há uma solução padrão para todos os problemas concretos com que se depara o gestor público. Comprar material de limpeza ou comprar uma usina hidrelétrica são questões de natureza bem distinta, com riscos diferentes e que não deveriam ser tratadas segundo o mesmo marco legal.

Hoje em dia, temos uma enorme resistência dos servidores públicos a participarem de processos de compras, em função da possível responsabilização pessoal junto aos órgãos de controle, por entendimento diferente na condução administrativa do processo. Obviamente, não estou me referindo a desvios de recursos públicos das suas finalidades, e sim a divergências em relação a decisões tomadas no curso do processo de compras. O técnico ou gestor pode ter que responder a um longo processo no Tribunal de Contas por conta dessa divergência de encaminhamento — e às suas expensas, visto que, em geral, as procuradorias dos órgãos públicos não defendem o gestor ou técnico junto aos órgãos de controle. Essa fragilidade jurídica do pessoal da execução em relação aos órgãos de controle é um fator de ineficiência da gestão pública.

Ao longo do tempo, algumas inovações foram desenvolvidas, como a modalidade de leilões, as parcerias público-privadas (PPP), as parcerias com organizações sociais, entre outras, que evidenciaram a necessidade de, periodicamente, modernizar a legislação de compras e parcerias do setor público.

Além de compras, outras questões, como a gestão do pessoal, do orçamento, da tecnologia de informação, das finanças e do patrimônio, fazem parte dessa agenda prioritária de debate, que defendemos como necessária e urgente, para a reformulação do marco regulatório administrativo e de controle.

Diálogo nacional

Após esse breve diagnóstico de alguns dos problemas envolvendo o controle e a produção de resultados na prestação de serviços públicos para a população, vamos detalhar um pouco mais a proposta de como encaminhar uma possível solução para rever o marco regulatório administrativo e de controle do setor público.

Partimos do princípio de que gestores, controladores e legisladores têm um grande desafio: produzir resultados para a população, com qualidade e eficiência, dentro da legalidade e com a maior transparência possível. A percepção de que há um conjunto de atores responsáveis pela prestação de serviços públicos para a população é fundamental para orientar o debate sobre como melhorar a gestão pública. Não cabe uma visão maniqueísta de que o gestor produz resultados e não se preocupa com a legalidade, enquanto o controlador apenas audita a legalidade dos atos e não se preocupa com os resultados para a sociedade. É fácil perceber que todos têm razão nesse debate.

Entretanto, não podemos reduzir a questão a dar maior ou menor liberdade de ação para o gestor. Não se trata de termos um controle detalhista da gestão, que reduz muito a discricionariedade gerencial, ou de termos uma ausência de controle, o que obviamente não interessa a ninguém. O debate envolve uma visão mais ampla sobre o que é gestão pública e como ela produz valor para a sociedade; é preciso discutir a qualidade da prestação de serviços, a eficiência na gestão de recursos, a transparência dos atos de gestão, o controle social e a participação da população na formulação e implantação das políticas públicas.

Enquanto o debate se prender apenas a questões de flexibilidade, não vamos avançar, porque as soluções que buscamos passam pelo equilíbrio das várias dimensões da gestão pública. Isso sem falar do impacto das novas tecnologias de informação e comunicação, que estão transformando a forma como o Estado se relaciona com o cidadão, rompendo paradigmas antes fortemente estabelecidos. Hoje, não se pode formular políticas públicas sem incorporar os conceitos de colaboração, redes sociais e mobilidade associados às tecnologias de informação e comunicação. A tecnologia está abrindo novas possibilidades para o avanço da gestão pública, inclusive para repensar a forma de exercer o controle, em função do enorme aumento da transparência.

Portanto, essa dicotomia maniqueísta, que antagoniza gestor e controlador, precisa ser superada, em benefício da população. Tal superação se inicia pela construção de uma visão comum acerca dos problemas enfrentados pela gestão pública na produção de resultados para a sociedade e, em sequência, na elaboração de propostas para sanar as falhas identificadas. Enquanto cada uma das organizações com responsabilidades legais no âmbito da gestão pública dialogar apenas internamente com seus pares, sem incorporar a visão dos outros atores, inclusive aqueles de fora do Estado, não há possibilidade de avançarmos nas reformas. Enquanto a disputa política interna à administração pública em relação aos conceitos que melhor a organizam for vista pela sociedade como uma batalha entre os que defendem a transparência e os que são contra, os que defendem a corrupção e os que são contra, o processo de reforma do marco regulatório não avançará. Em algum momento, esse antagonismo irá paralisar o debate.

Ninguém quer levar a fama de estar defendendo propostas que facilitem o desvio dos recursos públicos das suas finalidades ou o descontrole dos gastos públicos. Não estamos aqui ingenuamente dizendo que todos os participantes desse debate são bem-intencionados. Dizemos apenas que a forma polarizada como ele chega à sociedade acaba por atravancar o processo de discussão, em função de as propostas de mudanças serem consideradas prejudiciais ao controle e à transparência na aplicação dos recursos públicos.

Tivemos vários exemplos recentes da interrupção desse debate. Um dos que mais chamaram a atenção foi justamente aquele sobre a introdução de conceitos da gestão por resultados no setor público, conforme proposta do anteprojeto de lei orgânica da administração pública, apresentado em novembro de 2009. A mídia noticiou que o Tribunal de Contas da União e a Controladoria-Geral da União se posicionaram contra essa proposta, por entendê-la prejudicial ao controle dos gastos públicos, e o debate sobre a nova legislação foi interditado.

Mas como avançar na construção de propostas de modernização da gestão pública sem um amplo debate? Não é possível. O tema interessa a todos. Portanto, para que esse debate possa avançar, temos todos a responsabilidade de construir um espaço sem patrulhamentos de qualquer espécie. O papel do governo federal, particularmente do ministério responsável pela gestão pública, na liderança desse diálogo é decisivo, visto que a legislação sobre o assunto é de competência federal. Mas a reforma do marco regulatório administrativo e de controle é uma obra coletiva, construída com visões que se complementam. Considerarmos que não temos donos da verdade nesse debate é pressuposto essencial para o seu início e continuidade. Todos — Ministério Público, Tribunal de Contas, Poder Executivo, Poder Legislativo, organizações da sociedade, academia, especialistas

— devem ter oportunidade de explicitar seus diagnósticos e propostas para melhorar a gestão pública.

O que está em jogo nesse diálogo é de grande importância para a população, pois diz respeito à melhoria das suas condições de vida, principalmente dos mais pobres, que são os que mais necessitam dos serviços públicos para a sobrevivência. Mas também está em jogo o fortalecimento da democracia, em função do aumento da legitimidade do Estado conseguida por meio da melhoria da prestação de serviços públicos. A população precisa enxergar o Estado como um instrumento de resolução dos seus problemas de saúde, educação, segurança, transportes etc. Sem esse reconhecimento, o Estado perde legitimidade e a democracia se enfraquece, o que não interessa aos brasileiros. Por isso, para avançarmos no processo de melhoria da gestão pública e facilitar o atendimento das demandas da população, proponho inaugurarmos um diálogo nacional, com o objetivo de reformular o marco regulatório administrativo e de controle do setor público que hoje restringe muito sua eficiência e o alcance de resultados.

4.

O governo ao alcance das mãos

Um importante aprendizado vindo das manifestações de rua no país, principalmente a partir de 2013, para aqueles que se dedicam à gestão pública é que não se podem mais formular políticas públicas sem considerar a existência de uma plataforma tecnológica que, via internet, associada aos conceitos de colaboração, mídias sociais e de mobilidade, reúne milhões de pessoas conectadas em rede.

As tecnologias da informação e comunicação, base dessa plataforma tecnológica, estão mudando as formas de os cidadãos se relacionarem entre si, obterem informações e se mobilizarem politicamente. Não há mais monopólio da informação, exercida pela mídia tradicional, e de mobilização, exercida pelas organizações, principalmente sindicais e estudantis. Estamos assistindo à criação de uma nova sociabilidade (conforme formulação do sociólogo Manuel Castells), e os governos precisam entender que, para se relacionar com essa nova sociedade, precisam se utilizar dessa plataforma tecnológica.

Nesse novo espaço público criado pela internet, as informações estão disponíveis para todos de forma rápida e variada, com a possibilidade de qualquer cidadão conectado dar suas opiniões e saber sobre todos os temas. Essa prática estimulou o desejo de participar e ampliou muito o número de pessoas nos debates, que contribuem para a formação da opinião pública. Os recentes protestos de rua mostram que a intensa participação no mundo virtual se manifesta, também, no mundo real, demonstrando, assim, a força política do primeiro.

Arrisco dizer que pode haver uma crescente frustração da população, com consequente perda de legitimidade dos governos, caso ela não consiga operar a sua relação com a administração pública utilizando essas novas tecnologias, para acessar serviços ou mesmo expressar sua opinião sobre uma decisão ou sobre uma política pública.

Além disso, a construção de aplicativos voltados para o relacionamento da sociedade com o Estado ou para a disseminação de informações públicas, utilizando tecnologias da informação e comunicação, não é mais monopólio dos governos. Estes devem adotar uma política de dados abertos, para que os cidadãos construam as visões que mais lhes interessem sobre o funcionamento da administração pública e seus resultados. Essa parceria com a população amplia a capacidade dos governos de atender à demanda por acesso às informações e serviços públicos.

O impacto dessa plataforma tecnológica tem um potencial tão grande que ela permite, por exemplo, o funcionamento de um governo 24 horas, acessado de qualquer lugar, a qualquer momento e de várias formas; um governo ao alcance das mãos, o que implica grande comodidade para a população e enorme aumento de eficiência na sociedade. Permite, também, ampliar a participação popular no debate das políticas públicas e no processo decisório, além de aumentar o controle social e a transparência dos governos. Esses grandes objetivos das políticas de gestão do setor público passam a contar com o apoio dessa plataforma tecnológica para o seu alcance.

Por tudo isso, hoje em dia, a capacidade do setor público de absorver tecnologia em seus processos de gestão e sua prestação de serviços é decisiva para a melhoria da sua qualidade e eficiência. Para desenvolver essa capacidade, o setor público se utiliza, em muitos países, de uma política de gestão chamada governo eletrônico, considerada uma boa estratégia por organismos internacionais — Banco Interamericano de Desenvolvimento (BID), Banco Internacional para Reconstrução e Desenvolvimento (Bird) e Organização para a Cooperação e Desenvolvimento Econômico (OCDE). No Brasil, muitos estados e municípios aderiram a essa política, com o objetivo de articular suas políticas de prestação de serviços com as de tecnologia e racionalizar os altos investimentos em tecnologias da informação e comunicação, necessários para a construção de uma plataforma tecnológica, base do governo eletrônico.

Uma aplicação de grande interesse para a sociedade é na área da saúde. A divulgação de informações qualificadas utilizando essas novas tecnologias contribui para a educação em saúde, facilitando o autocuidado. O acesso às informações, via internet, sobre o andamento das demandas dos usuários do SUS dá mais conforto a eles e elimina filas desnecessárias. A formação de grupos com as mesmas doenças permite ao SUS se relacionar diretamente com eles, fornecendo e recebendo informações de interesse. A organização dos usuários relacionados a uma unidade básica de saúde em uma rede social por ela coordenada permite uma comunicação direta do SUS com essas pessoas. A criação de um portal voltado ao cidadão, no qual fique registrado o histórico dos atendimentos realizados (exames, consultas, cirurgias, procedimentos, fornecimento de medicamentos, vacinas etc.), onde seja possível solicitar serviços ou ter acesso a outras informações de interesse, é um importante instrumento de monitoramento da saúde por parte dos usuários e de gerenciamento da prestação dos serviços por parte do SUS. A organização de grupos de profissionais, em rede social, que trabalham em unidades básicas de saúde e em unidades de atendimento ambulatorial especializado, para debater o atendimento de um usuário, também permite melhorar a prestação de serviço do SUS.

Na área de promoção à saúde, por exemplo, a Secretaria Estadual de Saúde do Espírito Santo organizou uma ação para incentivar práticas de vida saudável, utilizando um site no qual as pessoas podiam escolher seus desafios nas áreas de alimentação, práticas de exercício ou convívio familiar. Foi utilizado o conceito de *gamificação*[2] para incentivar os participantes do movimento no alcance das metas. Esse movimento ficou conhecido como "21 dias", porque se baseou em pesquisas que indicavam que um novo comportamento, quando praticado por esse período, tem uma grande probabilidade de virar hábito. A iniciativa teve grande repercussão na internet, mobilizando milhares de pessoas que definiram e acompanharam seus desafios pelo site.

São muitas as aplicações possíveis dessas novas tecnologias de informação e comunicação que podem ajudar o SUS a cumprir seu papel de cuidar da saúde das pessoas.

---

2 A *gamificação* — termo derivado da palavra em inglês *game* — consiste no uso de técnicas de jogos, como desafios e recompensas, para engajar pessoas em determinadas atividades.

5.

Estratégia geral de gestão do SUS

A sociedade brasileira, por intermédio do Congresso Nacional, estabeleceu na Constituição o direito à saúde. Definiu também que esse direito seria exercido com a organização de um sistema único, universal, público e com integralidade no atendimento.

Desde a promulgação da Constituição, em 1988, vencido o desafio político de criar o direito à saúde e o sistema público e universal, a questão que se impõe é: como garantir à população o exercício desse direito constitucional? Nesse sentido, vem se realizando um esforço de organização do sistema único para prover serviços públicos de saúde em todo o país. As dificuldades da população em acessar os serviços de saúde, constantemente divulgadas pela mídia, demonstram que esse desafio ainda não foi superado.

Nesse processo de organizar o SUS, aprendemos que não basta criar direitos; é preciso garantir o exercício dos mesmos. Temos, também, que reconhecer os avanços já alcançados, com o fornecimento de muitos serviços de saúde com bons resultados.

Estamos falando de um enorme desafio de gestão pública, sem paralelo no mundo: organizar uma prestação de serviços de saúde para mais de 200 milhões de pessoas em todo o território nacional. O Brasil é o único país do planeta com mais de 100 milhões de habitantes que está organizando um sistema como esse. Em qualquer hora, em qualquer dia, em qualquer local deste país, alguém precisa de atendimento no SUS. E o SUS tem de estar preparado para atendê-lo.

Para organizar essa prestação de serviços, é preciso definir políticas públicas de saúde, articular vários níveis de governo (segurança, educação, trânsito, saneamento, demografia, distribuição de renda, prática de vida saudável etc.) e poderes, mobilizar recursos financeiros e materiais, motivar e capacitar pessoas, obter apoio na sociedade e dispor de competências gerenciais e organizacionais no âmbito do SUS. Além disso, é preciso considerar que esse direito é exercido em determinadas condições políticas, econômicas e sociais. Essas condições delimitam o grau do exercício desse direito, conforme reconhecido pela Constituição.

Organizar essa prestação de serviços com qualidade e eficiência não é uma questão trivial, dado o conjunto de interesses econômicos, políticos e corporativos que disputam os recursos da área, a interdependência dos três níveis de governo e os vários órgãos do Estado (federal e estadual) — Legislativo, Judiciário, Ministério Público, Tribunal de Contas, Defensoria Pública e conselhos profissionais — que interferem na execução da política de saúde, de acordo com seus mandatos legais.

A gestão e o financiamento do SUS são responsabilidade tripartite, e o funcionamento eficiente do arranjo federativo, envolvendo a coordenação dos governos federal, estaduais e municipais, introduz uma complexidade no seu gerenciamento.

As organizações de pacientes, sindicatos e conselhos de saúde também participam do debate e intervêm sobre a política pública de saúde.

Uma dificuldade adicional provém do marco regulatório administrativo e de controle da administração pública, que impõe inúmeros desafios para uma gestão pública eficiente, comprometendo o alcance de resultados, neste caso, na prestação de serviços de saúde à população.

Portanto, a garantia do exercício do direito à saúde depende fortemente da capacidade da gestão pública de coordenar esse conjunto de interesses em favor dos usuários do SUS, e gerir a prestação de serviços dentro dos limites impostos pela legislação e mecanismos de controle vigentes.

Por tudo isso, é preciso ter uma estratégia geral de gestão que considere todas essas dimensões, de forma a garantir a qualidade e a eficiência da prestação de serviços e que os recursos disponíveis para aplicar na política de saúde sejam gastos, considerando os interesses dos usuários do SUS, ou seja, o seu direito à saúde.

Estratégia sofisticada, complexa, que articula a política com a técnica, mas à altura do enorme desafio de garantir o exercício do direito à saúde. Essa estratégia de gestão deve combinar as políticas finalísticas com as políticas organizacionais e de meios, para permitir a melhoria contínua da prestação de serviços de saúde à população. Também deve considerar o ambiente político e os interesses envolvidos nas políticas públicas de saúde. Não há, no setor público, um desafio de gestão como esse em tamanho, complexidade e dimensão política.

Essa estratégia, necessariamente com visões de curto, médio e longo prazos, considera que a qualificação da gestão das várias organizações que compõem o SUS, particularmente o Ministério da Saúde e as secretarias estaduais e municipais, é condição necessária para sustentar, ao longo do tempo, a melhoria da prestação de serviços e garantir que os recursos sejam aplicados com eficiência, eficácia e efetividade no interesse dos usuários do sistema.

Os problemas estruturais que dificultam o acesso da população aos serviços do SUS não se resolvem a curto prazo.

Demandam soluções de longo prazo, que perpassam vários governos, e sua superação é obra coletiva que envolve parceria com todos os municípios, os estados, o Ministério da Saúde, os órgãos operadores do direito, conselhos de classe e as entidades da sociedade civil com interesse na área. A sustentação das políticas públicas de saúde ao longo do tempo requer a construção de unidade política em torno delas. Esse entendimento da dimensão de Estado dessas políticas deve orientar os gestores do SUS no desenvolvimento da sua estratégia.

Em síntese, a estratégia de gestão do SUS deve permitir avançar na construção de uma burocracia pública comprometida com a defesa dos interesses dos usuários, eficiente na gestão de recursos, inovadora, capaz de motivar seus servidores, transparente, com capacidade de diálogo com a sociedade, capaz de disciplinar os prestadores de serviços e subordinada ao poder político.

Olhando para esse complexo desafio enfrentado pelos gestores do SUS, cabem algumas perguntas: quais conceitos de gestão são capazes de organizar essa prestação de serviços de forma a garantir, com qualidade, eficiência e transparência, o exercício do direito à saúde por parte da população? O nosso atual marco regulatório administrativo e de controle do setor é capaz de sustentar uma gestão pública eficiente? A forma como se organiza a nossa rede de atenção à saúde é capaz de atender às necessidades atuais dos usuários do SUS? Como dispor de serviços de saúde e profissionais disponíveis 24 horas, 365 dias por ano, em vários locais, em todo o país? Como manter dezenas de milhares de profissionais, alguns com elevadas especializações, motivados e capacitados, em todos os equipamentos de saúde espalhados pelo território nacional? Como prestar serviços de saúde em um sistema tripartite, com responsabilidades divididas entre os governos federal, estaduais e municipais? Como financiar um sistema com essa complexidade e demanda? Como organizar essa prestação de serviços em um ambiente político com fortes práticas corporativas, clientelistas e patrimonialistas? Como gerir com qualidade e eficiência, quando vários órgãos públicos (Poder Judiciário, Ministério Público, Defensoria Pública, Tribunal de Contas e conselhos profissionais) têm poder para interferir na gestão do SUS, mas não são responsáveis pelos seus resultados? Quais são as condições políticas, sociais e econômicas necessárias para garantir o pleno exercício do direito à saúde?

As respostas a essas perguntas devem orientar o debate sobre a melhor estratégia de gestão para o SUS. Elas vão depender das posições ideológicas que conformam diferentes visões de como organizar o trabalho, da avaliação sobre as necessidades, atuais e futuras, de saúde da população, do grau de comprometimento com a defesa dos interesses corporativos e de práticas patrimonialistas em detrimento dos interesses dos usuários do SUS, das concepções sobre o papel do Estado na provisão dos serviços públicos de saúde e da capacidade de os gestores do SUS articularem um conjunto de atores públicos e privados.

Apresento, a seguir, alguns temas para contribuir no debate sobre a construção de uma estratégia que seja capaz, ao longo do tempo, de aprimorar continuamente a gestão do SUS com foco nos interesses dos usuários. Em síntese, essa estratégia deve considerar o direito à saúde, as condições em que esse direito é exercido (políticas, econômicas e sociais) e os desafios da gestão (políticos e técnicos). A proposta parte da gestão de uma secretaria estadual (a do Espírito Santo), mas acredito que possa se aplicar em qualquer nível de governo, com as adaptações necessárias.

Liderança das secretarias estaduais de saúde

As secretarias estaduais têm uma enorme responsabilidade na liderança do Sistema Único de Saúde, e o desenvolvimento das suas competências de gestão é condição necessária para o fortalecimento do seu papel.

O exercício dessa liderança pressupõe a formulação de uma estratégia geral de gestão para o SUS que seja capaz de articular e mobilizar em torno dela todos os cidadãos, autoridades públicas, especialmente as municipais, e demais organizações da sociedade civil que tenham interesse em promover a melhoria contínua da prestação de serviços públicos de saúde. Essa estratégia deve estar baseada em valores e princípios republicanos e democráticos, tendo como objetivo evitar que o SUS se transforme em uma disputa entre várias forças políticas pela sua direção e seu orçamento, tendo em vista apenas interesses específicos, sem uma visão do todo, sem uma visão de Estado e sem ter como foco as necessidades dos usuários do sistema.

A formulação da estratégia deve partir do pressuposto de que a promoção de saúde da população é uma obra coletiva. Ninguém vai superar esse desafio sozinho. Ele envolve diversas áreas de governo, autoridades e poderes, servidores, prestadores de serviços, e pressupõe a participação da população. É preciso construir essas parcerias com muito diálogo, com muita negociação, e as secretarias de saúde, pelo seu papel de liderança, têm de ser as articuladoras, as animadoras desse processo.

Uma questão importante é esclarecer o papel de cada um dos parceiros. Os prestadores de serviços (servidores e prestadores privados), por exemplo, devem entender que só existem porque temos usuários precisando deles. Portanto, servidores e prestadores de serviços privados só se legitimam se cumprirem bem seu papel no atendimento aos usuários do SUS. Quanto mais qualidade no atendimento ao cidadão, mais se legitimam perante a sociedade.

Para liderar o SUS nos estados, as secretarias estaduais devem se colocar à disposição dos municípios para apoiá-los na superação de qualquer dificuldade. Elas têm de assumir uma posição solidária a partir do entendimento de que a responsabilidade sobre a prestação de serviços de saúde é tripartite. Até porque uma falha no controle epidemiológico em algum município pode ter consequências em outros.

Cada secretaria municipal cuida apenas do seu território; já a secretaria estadual cuida de todo o estado. Para isso, precisa articular políticas de saúde que envolvam todos os municípios. Não adianta, por exemplo, erradicar o sarampo em apenas alguns; é preciso fazê-lo em todos os municípios do estado. Os governos estaduais devem ter como objetivo manter a equidade da política de saúde em todo território estadual.

As secretarias estaduais devem liderar a construção de um planejamento regional, em parceria com os municípios e com a representação do Ministério da Saúde. Todos devem conhecer o volume de gastos realizado na região com recursos dos municípios, estado e governo federal e o desempenho no atendimento aos usuários. Esse processo de planejamento deve ser construído para fortalecer a parceria tripartite, a governança regional, a descentralização da prestação de serviços, a identificação das necessidades regionais da população, a definição dos projetos regionais, e para orientar os investimentos dos três níveis de governo nas regiões de saúde. A falta de uma liderança na coordenação do SUS no estado incentiva a procura de soluções individuais por cada município. Como sabemos, não é possível melhorar a prestação de serviços de saúde à população com foco apenas nos municípios; é preciso organizar os serviços regionalmente.

Por tudo isso, as secretarias estaduais têm um papel de liderança, fundamental, no SUS estadual. Se as secretarias se omitirem nesse papel, ninguém o fará, e o Sistema Único de Saúde perde capacidade de produzir resultados para a população.

Capacidade de gestão

A formulação da estratégia de gestão deve partir do princípio de que a qualidade de vida da população, principalmente dos mais pobres, depende da prestação dos serviços públicos de saúde e que esta depende da qualidade da gestão pública. Portanto, a qualidade de vida da população depende do desempenho da gestão pública. Assim, é preciso desenvolver uma estratégia organizada e consistente, que seja capaz de promover o desenvolvimento da capacidade de gestão do SUS.

Esse é um processo lento, que atravessa os sucessivos governos e que acontece no dia a dia da administração pública, evoluindo ao sabor das pressões da sociedade, da iniciativa dos servidores ou da liderança dos governos, e essa competição política pode levá-lo para várias direções, daí a necessidade do papel de liderança das secretarias na formulação de uma estratégia de gestão que seja capaz de orientar esse processo no sentido dos interesses dos usuários do SUS. É preciso dar mais velocidade a esse desenvolvimento, pois as deficiências de profissionalização e as fragilidades administrativas e de controle geram benefícios a fornecedor, favorecem a corrupção, o desperdício dos recursos e expõem os gestores frente aos órgãos de controle, por não darem as devidas garantias da legalidade aos seus atos. Os dirigentes públicos que ocupam cargos de liderança no SUS devem, então, ter como meta contribuir para um salto de qualidade no desenvolvimento das competências de gestão do sistema, nas dimensões técnica e política.

As competências técnicas são as capacidades de formulação e implantação de políticas, gestão de recursos, inovação e de avaliação de resultados das políticas públicas de saúde. O compromisso com o desenvolvimento das competências técnicas do SUS demonstra o grau de comprometimento dos governos, das várias instituições públicas e de todos os grupos intervenientes no processo de prestação de serviços com o desenvolvimento da saúde pública.

A competência política é a capacidade de diálogo, comunicação com a população e negociação com os vários parceiros institucionais e da sociedade civil organizada, para articular os apoios necessários para a construção e a implantação das políticas públicas de saúde. Para desenvolver essa competência, é preciso que a política de gestão promova a transparência, a participação da população, o controle social, a divulgação de informações e a ampla interlocução com a sociedade.

As competências política e técnica são fundamentais para sustentar ao longo do tempo o desenvolvimento das políticas públicas de saúde e garantir a boa aplicação dos recursos públicos, à disposição do SUS, no sentido dos interesses dos seus usuários.

A estratégia geral de gestão do SUS deve considerar que a gestão pública envolve políticas finalísticas e de organização e controle. As políticas finalísticas são aquelas voltadas diretamente para o atendimento de saúde da população, e as de organização e controle visam garantir o desenvolvimento gerencial, o controle dos meios e a boa aplicação dos recursos do SUS.

Os conceitos que devem orientar as políticas de organização e controle são: planejamento, transparência, políticas de pessoal, comunicação social, participação, interlocução com a sociedade, controle social, foco em resultados para a sociedade (eficiência, eficácia, efetividade), humanização do atendimento, equilíbrio fiscal, parcerias com o terceiro setor e com o setor privado, ética pública, utilização de tecnologia de informação e comunicação, profissionalização, com base no mérito, desburocratização e inovação na gestão.

As políticas de organização e controle devem ser planejadas, com visão de longo prazo, a partir dos objetivos definidos para o atendimento de saúde da população, do entendimento do ambiente (político, econômico e social) no qual se desenvolve a prestação de serviços e com foco na produção de resultados para a sociedade. Essas políticas, que têm uma dimensão de Estado, vão sustentar a evolução contínua da qualidade da prestação de serviços do SUS.

A visibilidade dessa estratégia para a sociedade é importante para angariar apoios políticos e para sustentá-la ao longo dos sucessivos governos.

Profissionalização

Um dos maiores legados que um governo pode deixar é a construção de uma burocracia pública eficiente, democrática, inovadora, transparente, capaz de perceber, rapidamente, as mudanças nas necessidades de saúde da população e comprometida com o interesse dos usuários do SUS.

Esse legado tem de ser o principal objetivo da estratégia de gestão do SUS, por ser uma importante garantia que temos para dar continuidade a um processo virtuoso de melhoria da prestação de serviços públicos de saúde. De certa forma, é um compromisso com as futuras gerações. Os governos deveriam ter como compromisso entregar ao sucessor uma administração pública melhor do que a recebida do anterior.

Os governos e os gestores mudam ao longo do tempo, mas a organização Sistema Único de Saúde é permanente. Portanto, a estratégia de gestão em relação ao SUS deve se preocupar com as eventuais trocas de governos e o impacto dessas mudanças na continuidade das políticas de saúde. Entender que estas têm uma dimensão de longo prazo demonstra a visão de Estado dos governos.

Não adianta, por exemplo, apenas construir um novo hospital e melhorar o atendimento à população no início da sua operação. É preciso garantir a qualidade do seu funcionamento ao longo do tempo, e isso só se consegue com uma gestão de qualidade e continuidade administrativa garantida pela profissionalização. O setor público não pode depender de uma sucessão de líderes iluminados e bem-intencionados, que vão orientar a administração pública no sentido do interesse público. Até porque não se pode garantir a existência dessa sucessão de líderes bem-intencionados nas trocas de governos.

É claro que o papel do líder e a qualidade da liderança contam muito nesse processo, daí a importância da escolha da equipe de governo e dos vários dirigentes dos órgãos públicos. Não é à toa que o setor privado dá uma enorme importância ao processo de escolha dos seus dirigentes. Por isso, a estratégia de gestão tem de valorizar a profissionalização e a meritocracia para o exercício dos cargos do SUS. A mudança contínua dos dirigentes dos órgãos públicos, por exemplo, precisa ser atenuada com regras institucionais, no sentido da profissionalização, de forma a não prejudicar a prestação dos serviços à população. As deficiências de profissionalização na gestão do SUS implicam descontinuidade de políticas que necessitam de um prazo mais longo que apenas um mandato governamental para seu desenvolvimento, dificultando o ganho de eficiência e qualidade na prestação de serviços públicos de saúde.

Não é possível desenvolver qualquer estratégia de gestão no SUS sem valorizar e motivar seus servidores. A adesão dos servidores às políticas finalísticas e de organização e controle deve ser uma preocupação central. Esse desafio, infelizmente, o SUS ainda não superou. Na raiz de algumas falhas de atendimento aos usuários do sistema está a dificuldade de organizar uma política de recursos humanos que incentive a meritocracia, o desenvolvimento profissional e garanta a alocação de pessoal em todo o país. Os municípios, particularmente, são os mais prejudicados com essa dificuldade de manter quadros profissionais com um mínimo de estabilidade para prestar serviços de saúde à população.

Governança regional e descentralização

Um dos problemas que impactam a gestão do SUS é a lógica política, articulada em torno da visão de que se deve levar o máximo possível de serviços de saúde para o município, independentemente de haver escala que viabilize a prestação desses serviços. Parte-se do pressuposto de que os eleitores desejam isso e que é possível atender a esse desejo.

No entanto, isso não é possível. Não há recursos para atender a esse desejo. Além disso, essa lógica política acaba reforçando uma concepção equivocada a respeito da melhor forma de organizar as redes de atenção à saúde, incentivando o desperdício na aplicação dos recursos públicos destinados ao SUS. Ao fim e ao cabo, essa concepção, que hoje organiza algumas das disputas políticas em torno da aplicação dos recursos da saúde, acaba prejudicando o acesso da população aos serviços, apesar de prometer o contrário aos eleitores, pois pulveriza recursos, contribuindo para a ineficiência do sistema. Não há solução individual para a melhoria da prestação de serviços de saúde. A solução é coletiva.

É preciso, portanto, desenvolver uma nova lógica política baseada em uma visão regional de assistência à saúde, promovendo uma cooperação entre os vários níveis de governo por região. Hoje milhares de pessoas trafegam pelas estradas diariamente para serem atendidas, principalmente, nas regiões metropolitanas. Essa rotina é prejudicial à sua qualidade de vida. Precisamos reverter essa prática, fazendo com que o cidadão seja atendido pelo SUS o mais próximo possível da sua residência.

Os três níveis de governo têm por desafio organizar coletivamente uma nova rede regional de assistência aos usuários do SUS, que tenha escala, mas também considere o tempo necessário para atendimento das diversas demandas; que seja mais resolutiva, integrada, organizada em rede de atenção e com prioridade na atenção primária.

As secretarias de saúde devem evitar, também, ser um grande "balcão de atendimento", para onde se dirigem todos os interessados em conseguir recursos, basicamente financeiros, para viabilizar algum interesse específico, seja público ou privado. Essa lógica de negociar projetos específicos acaba levando a uma ineficiência na alocação de recursos, prejudicando o atendimento à população.

Essa prática pode ocorrer em secretarias estaduais que tenham uma concentração de recursos no fundo estadual de saúde e um processo decisório centralizado sobre sua aplicação. Ela também tem a ver com a prática política, estabelecida ao longo do tempo, de negociações individuais com os governos estaduais sobre as demandas dos municípios.

Para superar essa prática política, é preciso mudar radicalmente a forma atual de gestão, descentralizando, cada vez mais, decisões para as regiões de saúde. Essa mudança permite ampliar a transparência e o debate sobre as decisões a serem tomadas quanto à aplicação dos recursos do SUS, garantindo, assim, a prevalência dos interesses dos usuários sobre interesses particularistas, sejam eles públicos ou privados.

Essa descentralização da prestação de serviços deve ser feita para as regiões de saúde, não para os municípios, porque isso seria ineficiente e manteria a lógica particularista. Não é possível partir do pressuposto de que cada município, sozinho, conseguirá resolver todos os problemas de saúde dos seus munícipes. Não vai conseguir. É preciso juntar forças em prol da melhoria do atendimento de saúde em cada região. Precisamos construir uma governança regional, com a participação dos municípios, estado e Ministério da Saúde, onde cada região decide sobre como organizar a sua rede de assistência e seus serviços, considerando a escala necessária para cada tipo de atendimento e as políticas públicas de saúde.

Ao fim desse processo de descentralização de recursos e poder decisório, com o fortalecimento das deliberações coletivas, podemos eliminar esse "balcão de atendimento" de demandas específicas, beneficiando projetos que atendam às necessidades de prestação de serviços de saúde regionais. Amplia-se, ainda, a transparência, pois se desloca para um fórum coletivo o debate e o processo decisório sobre a aplicação dos recursos da saúde na região. Esse fórum deve avaliar a destinação de todos os recursos disponíveis, sejam municipais, estaduais ou federais, inclusive de emendas parlamentares. O objetivo é melhorar a qualidade das decisões e orientar a prática política para o interesse coletivo.

Gestão tripartite e responsabilização

O SUS é um sistema coordenado e hierarquizado nos três níveis de governo. O seu gerenciamento, assim como a qualidade e eficiência dos seus serviços, depende da boa articulação entre os governos.

A prestação dos serviços de saúde ao cidadão se inicia no município, por meio da atenção primária, e a partir daí, se houver necessidade, será franqueado o acesso aos serviços de média e alta complexidades, no próprio estado ou em qualquer estado do país, caso aquele em que reside o usuário não disponha dos serviços necessários. Esses serviços podem ser prestados até por estruturas do governo federal. Qualquer estratégia de gestão do SUS deve partir da compreensão dessa responsabilidade coletiva. Tanto é assim que o SUS se organiza em torno de fóruns que articulam os vários níveis de governo.

Para avaliar a qualidade da gestão do SUS, é preciso analisar os problemas existentes em cada nível de governo; não se pode cometer o erro de avaliá-lo apenas analisando um desses níveis. Por isso, é importante que se construa uma visão global do SUS em cada estado, com a participação de todos os governos, em um processo de planejamento integrado. Esse planejamento deve explicitar os objetivos a serem alcançados, as responsabilidades dos gestores e orientar a alocação de todos os recursos públicos, inclusive das emendas parlamentares (estadual e federal) de forma mais racional e coordenada para evitar desperdícios. Além disso, esse processo de planejamento integrado nos permite combater o famoso "jogo de empurra" entre as autoridades em relação aos problemas de atendimento do SUS. A população, geralmente, fica perdida, sem saber a quem cobrar pela melhoria dos serviços.

A responsabilidade é tripartite, embora todos tenham obrigações específicas a cumprir. No entanto, a imagem a ser passada para a população deve ser de unidade e esforço coletivo, de todos os níveis de governo, para melhorar a prestação de serviços de saúde. Todavia, não está clara para a sociedade essa divisão de responsabilidades. Essa falta de clareza confunde a população, que não consegue identificar, em algumas situações, qual nível de governo é responsável por uma eventual falha de atendimento.

Por causa dessa dificuldade, a tendência do cidadão é cobrar de quem eventualmente está prestando o serviço, que, no caso do SUS, é majoritariamente executado pelos municípios ou estados. Por isso, estes é que sofrem o maior desgaste de imagem por eventuais falhas no atendimento à população, pois atendem milhões de pessoas diariamente.

Ocorre que o sistema, para funcionar, depende de que os vários níveis de governo desempenhem bem sua função e cumpram suas obrigações, inclusive no financiamento do próprio sistema. A falha de qualquer um dos elos dessa corrente de prestação de serviços ou o descumprimento de obrigações financeiras por parte de qualquer um dos governos compromete o atendimento ao cidadão, pois se trata de um serviço prestado por um sistema articulado e dependente dos seus vários elos.

Quando um cidadão, por exemplo, vai à farmácia estadual retirar um medicamento de alto custo, cujo fornecimento é de responsabilidade do governo federal, e não encontra o remédio disponível, ele vai responsabilizar o gestor estadual pela falta. O cidadão não sabe, e acho que também não quer saber, que existe um responsável pelo fornecimento do medicamento e outro pela entrega. Ele apenas quer tê-lo acessível nas farmácias quando precisar. A falta de transparência, nesse caso, tem como consequência um desgaste político do governo estadual e a possibilidade de o governo federal não ser responsabilizado publicamente, ao menos não na intensidade da cobrança dos governos estaduais.

Essa é uma questão que o SUS deve melhorar. Precisamos ter transparência na atribuição de responsabilidades entre os três níveis de governo, para que a população possa fazer a cobrança da maneira devida e, também, para acabar com o "jogo de empurra" entre as autoridades, que podem se aproveitar da falta de clareza sobre as atribuições de cada uma.

A regionalização com gestão compartilhada entre os vários níveis de governo tende a reduzir a demagogia associada à luta política em torno da saúde pública, pois dá mais transparência em relação aos efetivos responsáveis pela prestação dos vários serviços à população, facilitando o controle social.

Interlocução com a sociedade

Há uma enorme interlocução das secretarias de saúde com vários atores da sociedade interessados no SUS: prestadores de serviços, mídia, usuários, pesquisadores, autoridades públicas, servidores, médicos, Defensoria Pública, Ministério Público, Poder Judiciário, Poder Legislativo, Tribunal de Contas, conselhos profissionais, associações de usuários. Essa amplitude e diversidade nos indica que o SUS é uma obra coletiva, e que a coordenação e cooperação entre esses interlocutores é fundamental para o atendimento de qualidade às demandas de saúde da população.

Muitas decisões tomadas pelas diversas autoridades públicas, em todos os poderes, com responsabilidades no setor da saúde, inclusive conselhos profissionais, impactam a qualidade e eficiência da prestação de serviços. Isso nos mostra a importância de um permanente diálogo entre elas, em benefício dos usuários do SUS.

O modelo de gestão do SUS deve prever na sua estrutura organizacional canais para que essa interlocução possa ocorrer em toda a sua diversidade. Por isso, é necessário que as lideranças do SUS tenham capacidade de dialogar e negociar com esses vários atores. A qualidade da prestação de serviços públicos de saúde é proporcional à qualidade da ação coletiva que a sociedade for capaz de realizar.

Ambiente político

No ambiente do SUS se encontram algumas práticas que caracterizo como políticas de "má qualidade". A superação delas é fundamental para fazer evoluir a qualidade da prestação de serviços públicos de saúde à população.

Essas práticas políticas de "má qualidade" se baseiam na exploração das falhas de assistência à saúde do SUS por meio de denúncias demagógicas, no "jogo de empurra" entre as autoridades públicas sobre a responsabilidade de algum problema de atendimento e no desenvolvimento de projetos com interesse político-eleitoral, sem sustentabilidade ao longo do tempo.

Uma maneira de combater esse tipo de política é a formulação e implantação de uma estratégia de gestão para o SUS que avance na organização do sistema de forma mais racional e transparente e que propicie uma melhoria no atendimento. Essa estratégia deve considerar que temos no ambiente do SUS um conjunto de interesses políticos, institucionais e econômicos que precisam ser direcionados no sentido dos interesses dos usuários, fazendo avançar a qualidade e eficiência na prestação de serviços públicos de saúde.

Desassistência e demagogia

Desassistência à saúde gera demagogia, clientelismo, fisiologismo e corporativismo no ambiente político do SUS. A demagogia prospera, seja por interesses políticos, situação *versus* oposição, seja por interesses corporativos ou econômicos.

A cobrança do exercício do direito à saúde é demagógica quando passa a ideia de que esse direito vai "cair do céu", por causa da determinação constitucional, ignorando todas as dificuldades de organizar um sistema como esse em todo o país.

O discurso demagógico, que é um instrumento da luta política, denuncia as deficiências na prestação dos serviços de saúde e apresenta o governo de plantão como o único responsável pelas dificuldades da população. Esse tipo de discurso tem por objetivo angariar algum tipo de vantagem, política ou econômica, para seus autores, e não promover o interesse coletivo de melhorar o sistema.

A cobrança demagógica sempre fica na denúncia das falhas do SUS, prejudica sua imagem, nunca apresenta soluções, e infelizmente parte da população acredita, inclusive, que quem a faz vai resolver os problemas, ou sabe como resolvê-los, mas não é ouvido pelas autoridades governamentais. Os denunciantes de plantão podem até já ter sido governo e não ter resolvido as questões que hoje denunciam. Mas nada os impede de fazer esse tipo de cobrança, como se eles não tivessem nada com isso. Essa falta de coerência e honestidade não parece ser problema para os demagogos. O ambiente político do SUS convive com essa hipocrisia política, e infelizmente a população não consegue perceber os interesses por trás do discurso demagógico.

Esse ciclo alternado de denúncias demagógicas entre as forças que disputam os recursos e políticas do SUS precisa ser alterado em benefício do desenvolvimento da prestação de serviços de saúde pública. É muito difícil para a população separar, no debate público, o que é crítica construtiva do que é demagogia, em função da falta de uma discussão mais aprofundada sobre os problemas que condicionam a prestação dos serviços do SUS. A denúncia demagógica é crível, também, porque, algumas vezes, é baseada em alguma falha concreta de atendimento do sistema de saúde, com forte repercussão na mídia.

Em geral, esse tipo de crítica que responsabiliza unicamente o gestor de plantão pela falha na prestação de serviços do SUS é bem recebida pela população, devido à simplicidade na identificação dos responsáveis. É fácil acreditar que há um único culpado que impede o acesso aos serviços de saúde a tempo e a hora; alguém que simplesmente não quer que a sociedade acesse os serviços de saúde, por falta, apenas, de vontade política. Esse argumento está sempre à disposição do discurso demagógico e enganador da opinião pública.

O crédito que grande parte da população dá a essa solução "mágica", acreditando que seu acesso aos serviços é prejudicado apenas porque os governos são negligentes, é responsável pela sobrevivência da manipulação política da eventual desassistência do SUS. Muitas vezes, essas denúncias simplistas são mera enganação da boa-fé pública por interesses políticos e eleitorais. Elas têm como consequência a simplificação da discussão sobre as reais causas das dificuldades do acesso aos serviços de saúde, impedindo, assim, que o debate se aprofunde, identifique os reais problemas em toda a sua complexidade e sirva para esclarecer a todos como avançar no processo de melhoria contínua dos serviços do SUS, preservando o interesse coletivo.

Essa tática de identificar um culpado, o governo de plantão, une todos que utilizam esse discurso e encobre os verdadeiros interesses particulares envolvidos nessa luta política e que muitas vezes impedem que o processo de melhoria do SUS avance.

Qualquer avaliação séria vai evidenciar que a solução dos problemas do SUS é muito mais complexa, não se podendo identificar um culpado de plantão. O marco regulatório administrativo e de controle, o ambiente político, os vários órgãos públicos intervenientes, o enorme desafio técnico-operacional, a responsabilidade tripartite e o financiamento interferem na prestação de serviços de saúde pública, e o Executivo estadual não tem o controle de todas essas questões e dos atores envolvidos e suas decisões, da maneira como a demagogia política tenta convencer a população.

O impacto emocional e político da desassistência

O não atendimento de uma parte da demanda por acesso aos serviços públicos de saúde tem um enorme potencial de mobilizar a opinião pública. Isso porque essa falta de acesso muitas vezes é colocada como questão de vida ou morte, não atendida a tempo por uma falta de atenção humanitária ou por descaso do SUS e dos seus gestores. Nada mais mobilizador das emoções da população, via cobertura da mídia. Até porque, algumas vezes, essa explicação pode ser verdadeira.

Esse impacto emocional facilita a manipulação e simplificação do debate público sobre as falhas do SUS e sobre a forma de saná-las. É o que pode ocorrer, por exemplo, em uma denúncia da falta de sensibilidade do gestor de plantão para resolver o problema — aliás, esse tipo de denúncia atende a alguns interesses políticos que disputam o apoio da população para chegar ao poder ou para extrair algum benefício do SUS.

Essa luta em torno dos recursos e políticas do SUS não é visível para a sociedade, a não ser quando prejudica a prestação dos serviços de saúde. Em geral, essa disputa, por interesses políticos ou econômicos, é de bastidor, no dia a dia do funcionamento da prestação de serviços, e por isso não é perceptível para a população. Apenas algumas vezes esse conflito entre os interesses dos usuários do SUS e de alguns prestadores de serviços ganha uma divulgação mais ampla. Nesse debate público, esses prestadores de serviços sempre apresentam suas reivindicações como se fossem para defender o interesse dos usuários do SUS, confundindo, assim, a opinião pública. Isso acontece porque os serviços prestados efetivamente atendem às necessidades de saúde da população e por isso não podem sofrer solução de continuidade. O que esses prestadores não dizem é que estão se aproveitando da posição que ocupam para aumentar seus benefícios ou obter vantagens econômicas.

Esse tipo de conflito sempre é um momento de muita tensão para a gestão, pois a sociedade não deseja que o atendimento seja suspenso por desentendimento entre o gestor e os prestadores de serviço; por outro lado, o gestor nem sempre pode atender às reivindicações apresentadas pelos grupos interessados. A expectativa da população é que o conflito se resolva rapidamente sem prejuízo no atendimento das suas necessidades de saúde, o que nem sempre é possível. Quanto mais se prolongar o conflito, maior o desgaste na imagem da gestão e do SUS.

A população, quando procura o SUS, quer ser atendida o mais rápido possível e atribui ao gestor a responsabilidade de ofertar com agilidade os serviços. Esse entendimento considera que o gestor público é capaz de enfrentar, sozinho e rapidamente, as pressões políticas dos prestadores de serviços (empresas e servidores) por seus interesses particulares. Mas esse enfrentamento pode levar tempo, prejudicar o atendimento e, assim, não contar com a paciência da população até que o conflito se resolva.

Ao responsabilizar o gestor pelas dificuldades momentâneas, parte da população enfraquece a posição política dele, que, no caso, está defendendo os interesses dos usuários do SUS. Sendo assim, a estratégia de gestão deve se preocupar com a conquista e a manutenção do apoio da sociedade às decisões e ações no enfrentamento desse tipo de conflito.

Infelizmente, quem se mobiliza politicamente são os que porventura estão com seus interesses específicos sendo contrariados. Os usuários do SUS eventualmente beneficiados pelo enfrentamento desses interesses particulares não se mobilizam em defesa do gestor. Como já nos dizia Maquiavel, quem se mobiliza é quem perde, não quem ganha. Esse é um problema de ação coletiva que prejudica o processo de melhoria da prestação de serviços de saúde, pois tende a deixar isolado politicamente o gestor que está defendendo o interesse dos usuários do SUS.

É obvio que nem todos os prestadores de serviços se pautam por esse tipo de comportamento; apenas estou descrevendo uma situação rotineira na gestão do SUS que provoca muito desgaste na imagem do sistema e dos governos. Administrar esses momentos de conflito requer capacidade de negociação e interlocução com a sociedade por parte das secretarias de saúde.

Alianças políticas

Outra política de "má qualidade" tem a ver com as alianças feitas com objetivo de levar serviços de saúde para os municípios, mesmo que não exista a mínima escala de volume de atendimento que justifique isso. Dessa forma, desperdiçam-se recursos do SUS, com consequente prejuízo na melhoria do atendimento. Aliás, essa prática política é muito difundida, porque a população tende a valorizar esse tipo de iniciativa e os líderes que tomam essas decisões, por demonstrarem, com isso, preocupação com a melhoria da prestação de serviços públicos de saúde. No entanto, essa solução cria mais dificuldades, ao pulverizar a aplicação dos recursos do SUS em vários equipamentos de saúde, comprometendo a eficiência e qualidade dos serviços.

É muito difícil para a população perceber que determinada obra não irá melhorar seu atendimento, e que ela atende apenas a interesses políticos eleitorais. Ao contrário, ao verem o equipamento de saúde construído ou em construção, as pessoas acreditam que haverá melhoria no acesso aos serviços de saúde. O que, algumas vezes, pode até ser verdade para a comunidade do entorno do equipamento, mas não para o conjunto da população da região. O próprio atendimento à comunidade beneficiada pode ser prejudicado pela falta de sustentabilidade financeira dos serviços ao longo do tempo.

A dificuldade de avaliação, por parte da sociedade, dessa pretensa solução se deve à falta de conhecimento do planejamento do SUS na sua região e de como se devem organizar regionalmente os serviços de saúde para, efetivamente, melhorar o acesso a eles.

A ampla divulgação das políticas públicas do SUS é, assim, fundamental para obter apoio da população no sentido de garantir uma racionalidade na aplicação dos recursos, com consequente melhoria dos serviços.

"Jogo de empurra"

A prática de "jogo de empurra" entre as autoridades federal, estaduais e municipais pela responsabilidade de eventual mau atendimento de saúde à população também caracteriza a política de "má qualidade" no ambiente do SUS.

Essa prática dificulta que a população consiga responsabilizar, com clareza, alguma autoridade nos três níveis de governo, ou faz com que essa responsabilização seja feita de maneira equivocada. Não se contribui, assim, para a qualificação do debate para identificação dos problemas e das soluções que possam melhorar o atendimento de saúde. O efeito desse tipo de postura é aumentar o descrédito nos governos e particularmente no SUS.

Como sabemos, o Sistema Único de Saúde, para seu funcionamento adequado, depende da coordenação dos três níveis de governo. Daí a importância do planejamento regional integrado para organizar essa ação coletiva e explicitar as devidas responsabilidades na prestação de serviços públicos de saúde.

Corporativismo, patrimonialismo e clientelismo

O corporativismo, o patrimonialismo e o clientelismo também são práticas que existem no ambiente político do SUS, como em todo nosso setor público, criando dificuldades para o aprimoramento da qualidade e eficiência dos serviços.

Essas práticas, associadas aos interesses específicos de grupos, criam barreiras para a implementação de políticas que visem ao interesse coletivo — no caso, os interesses dos usuários do SUS —, dificultam a profissionalização da gestão, a melhoria da eficiência, a transparência administrativa e a impessoalidade no acesso aos serviços.

Os grupos corporativos que defendem interesses específicos sempre se apresentam como defensores dos usuários do SUS. Eles não têm coragem de assumir seus interesses próprios ou usam esse discurso como "esperteza política", com objetivo de angariar apoio da população aos seus pleitos. Para isso, denunciam as falhas de atendimento através da mídia, que, geralmente, as repercute com muito destaque. Obviamente, se o governo atende aos seus pleitos, as denúncias de mau atendimento do SUS param imediatamente, o que demonstra a natureza instrumental delas e a falta de compromisso desses grupos com a melhoria do desempenho do SUS.

As práticas clientelistas e patrimoniais, tradicionais na nossa cultura política, são difíceis de superar, mas devem ser evitadas, pois favorecem o desvio de recursos públicos das suas finalidades e comprometem a eficiência e a equidade no acesso aos serviços. A definição de uma estratégia de gestão transparente e com foco no interesse dos usuários do SUS é a única alternativa para orientar a negociação com as forças políticas de forma a evitar esse problema. A existência de sistemas informatizados que respeitem a equidade no acesso aos serviços do SUS é um exemplo de boa prática nesse sentido. A percepção de que nenhum grupo político será beneficiado em detrimento de outros é fundamental para sustentar práticas republicanas no acesso ao SUS.

Participação da população

Como enfrentar a luta política pela melhoria da prestação de serviços públicos de saúde sem a mobilização da população beneficiada? Esse é um enorme desafio. Primeiro, porque a desassistência é facilmente denunciável e sua divulgação pela mídia tem rosto, tem drama, e isso deslegitima o SUS, enfraquecendo sua imagem perante a sociedade. Segundo, porque as pessoas podem se colocar no lugar das que estão, no momento, com problemas de acesso aos serviços de saúde e pensar que amanhã poderão ser elas a precisar do SUS e não conseguir o atendimento. Está criado, assim, um raciocínio lógico e ao mesmo tempo perigoso para o processo de melhoria dos serviços de saúde, facilmente manipulável por interesses políticos de todos os matizes.

Esse tipo de denúncia não faz com que a população se mobilize pela melhoria do SUS, apenas desperta sentimento de compaixão. Com esse grau de emotividade e manipulação política, como proceder para que as críticas sejam feitas sem desqualificar a imagem do SUS e sem desmotivar a sociedade na sua defesa? Acho que faltam nesse debate informações qualificadas sobre o real desempenho do SUS e maior comprometimento de todos com a política de saúde, que é uma das mais importantes políticas de inclusão social deste país.

O SUS precisa se transformar em um valor para a sociedade brasileira, como o sistema de saúde inglês é para os ingleses. Os ingleses se orgulham do seu sistema de saúde, a ponto de mostrá-lo ao mundo na abertura das Olimpíadas de 2012. Todavia, não deixam de criticá-lo e se mobilizam em sua defesa. No Brasil, os acordos coletivos de trabalho, por exemplo, estão sempre solicitando apoio para planos de saúde, coisa impensável na Inglaterra. Isso nos mostra o longo caminho que teremos de trilhar para conseguir mobilizar a população na defesa do SUS.

Atores políticos

A figura 1, que representa o ambiente político do SUS, mostra a quantidade de atores públicos e privados envolvidos em âmbito estadual. Todos com seus interesses institucionais, corporativos ou econômicos. Muitos desses atores têm poder de decisão sobre a prestação de serviços, mas quem responde publicamente por qualquer falha é o gestor de plantão.

A demanda da população é um problema político em si: são milhões de pessoas, diariamente, em todo o país, nas portas do SUS, procurando atendimento. A partir dessa demanda é que todo esse ambiente político se mobiliza. Cada ator constrói seu discurso sobre como atender essa demanda, de acordo com seus interesses (ou a solução é aumentar salários, ou falta gente, ou estou cumprindo meu papel legal-institucional etc.). No entanto, há um denominador comum nesses discursos: todos culpam o gestor de plantão pelas falhas de atendimento. Quando o juiz, por exemplo, manda prender o secretário, ou o penaliza de algum modo, está dizendo à população quem é o "responsável" pela falta dos serviços de saúde.

Toda essa disputa política e suas consequências na prestação de serviços de saúde não têm transparência para a população. É como se fosse um jogo de interesses de bastidor. A versão que vemos diariamente na mídia é a de que as falhas de atendimento do SUS são de responsabilidade do gestor de plantão. Essa versão beneficia todos que participam do ambiente político do SUS, porque identifica apenas o Executivo pelas dificuldades de acesso da população aos serviços, enquanto os outros atores aparecem como defensores do direito à saúde. Isso é o que chamo de "armadilha política do SUS" para o Poder Executivo.

Como responsabilizar apenas o gestor de plantão pelas dificuldades de acesso da população aos serviços de saúde, como faz o debate simplista, ignorando todo esse ambiente? Esse tipo de debate não ajuda a melhorar o acesso aos serviços de saúde pela população.

O que me parece é que construímos um modelo de governança do SUS com muitos atores intervenientes, consumidor de recursos escassos e dissipador de energias que deveriam estar direcionadas para atender melhor o usuário.

Olhando para esse ambiente, cabe a pergunta: como coordenar e harmonizar esse conjunto de interesses e papéis institucionais? Quem fará isso? O Executivo? Ele não tem poder para isso, apesar de ser essa a cobrança de todos, inclusive da sociedade. Na verdade, temos aqui um problema de ação coletiva. Para superar esse desafio, é preciso construir um consenso com todos esses atores políticos, tendo como norte o interesse dos usuários do SUS. No meu período de gestão na secretaria de saúde do Espírito Santo (2015-2018), procurei articular esse conjunto e sei, por experiência própria, que a tarefa é muito difícil e demanda tempo. É tarefa para vários governos.

Figura 1
Ambiente político

Fonte: elaborada pelo autor.

Ciclo virtuoso

Muitos se utilizam do discurso de defesa do SUS e dos seus usuários para fazer prevalecer seus interesses corporativos e econômicos. É preciso estar atento aos interesses reais por detrás dos discursos. Nesse debate, cuidado com os "salvadores da pátria", os "enganadores da pátria" e os "aproveitadores da pátria".

Temos que sair desse círculo vicioso, dessas políticas de "má qualidade" que prejudicam a evolução da prestação de serviços do SUS, criando um ciclo virtuoso, uma política de "boa qualidade", tendo como norte a defesa dos interesses dos usuários. É preciso afastar do ambiente político do SUS essas políticas que utilizam o discurso demagógico e procurar um consenso em torno de um diagnóstico dos reais problemas do sistema e de um projeto de solução. Não há culpados; trata-se de práticas políticas consolidadas por décadas. O desafio é mudar as regras do "jogo político" e pactuá-las com todas as forças políticas e instituições públicas que interferem no dia a dia da prestação de serviços de saúde à população.

Nossa experiência na liderança do SUS no Espírito Santo demonstrou que as mudanças dessas práticas de "má qualidade" são possíveis, desde que as políticas de saúde sejam construídas com transparência e com a participação de todos os atores com poder de interferência nesse processo. O projeto de reorganização da rede de atenção à saúde, chamado de Rede Cuidar, demonstrou, na prática, essa possibilidade. As novas regras de gerenciamento e de assistência à saúde foram definidas em conjunto com os prefeitos e secretários municipais, em cada região. A partir daí começamos a construir um ambiente voltado para a defesa dos interesses dos usuários do SUS, de comum acordo e com visão das necessidades regionais. Portanto, se as lideranças políticas quiserem, é possível rever essas práticas antigas e prejudiciais aos usuários do SUS. A liderança da Secretaria Estadual de Saúde é fundamental para articular e coordenar essas mudanças.

As secretarias de saúde, no seu papel de liderança, têm de participar da construção desse ciclo virtuoso, devendo submeter ao debate uma proposta política que organize esse conjunto de interesses em torno do objetivo de melhorar o atendimento aos usuários do SUS e da profissionalização da gestão. Além disso, têm de ser as articuladoras, as animadoras, um fator de unidade desse conjunto de forças interessadas em debater o SUS. Para tanto, têm de promover o entendimento entre elas e ajudar a construir essas parcerias.

Mídia e SUS

Quem acompanha o debate público sobre o desempenho do SUS pela mídia vai achar que o sistema não funciona, o que não é verdade, como fica evidente quando analisamos os números de atendimento dos serviços de saúde em todo o país. O SUS tem problemas que precisam ser superados, mas eles são bem menores que os seus resultados.

O SUS realizou, em 2017, apenas no Espírito Santo, 9 milhões de consultas, fez 18 milhões de exames, entregou 38 milhões de unidades de medicamentos, apenas nas farmácias do estado, distribuiu mais de 7 milhões de doses de vacinas e prestou muitos outros serviços demandados pela população. Portanto, não podemos dizer que um sistema como esse não funciona. Esse grande volume de atendimentos se repete em todos os estados do país.

Considerando os milhões de atendimentos diários realizados no SUS em todo o território nacional, é de se esperar que tenhamos problemas pontuais. A existência deles é esperada; não existe uma organização com esse volume de atendimento que não os tenha. Organizações privadas, como as telefônicas e bancos, por exemplo, que atendem um número muito menor de pessoas, costumam ter milhares de reclamações dos seus usuários. No entanto, as consequências das falhas de atendimento no SUS são bem maiores, pois podem prejudicar a qualidade de vida das pessoas ou até levar à morte. Essa pode ser uma causa da grande repercussão das falhas do SUS na mídia, embora nem todas elas tenham um risco alto para a saúde da população.

O sistema de saúde, obviamente, tem de atender bem a todos que o procuram. Enquanto houver um usuário que não tenha seu direito à saúde garantido, não se pode descansar. A questão é que o debate público, direcionado pela cobertura midiática, passa a ser sobre os problemas pontuais, como se a solução de sucessivos problemas pontuais fosse capaz de, no futuro, evitar que eles aconteçam. É óbvio que o problema pontual apresentado pode ter ocorrido por falha local de gestão. Mas, também, pode evidenciar uma falha estrutural que precisa de mais tempo para ser resolvida. Qualquer explicação que indique a necessidade de maior tempo para resolver o problema em questão é apresentada em geral com ironia pela mídia e pelos interessados, como se fosse uma tentativa de empurrá-lo com a barriga. Todas as vezes em que fui questionado pela mídia sobre uma falha eventual, a resposta pretendida era o que dizer para a pessoa que estava com o problema de atendimento, não havendo muito espaço para um debate mais profundo sobre suas causas. A resolução dos problemas de atendimento do SUS passa, também, por soluções estruturais que demandam tempo, as quais, infelizmente, não são valorizadas pela cobertura midiática.

Uma cobertura mais equilibrada poderia, ao lado de preservar a imagem do SUS, estimular o debate na sociedade sobre as dificuldades do atendimento à saúde e chamar a atenção de todos sobre a necessidade de melhoria no atendimento do sistema e da sua importância para a qualidade de vida das pessoas. O SUS deve aprender com os erros, e o debate público, desde que seja feito com racionalidade e com a profundidade necessária, fortalece o Sistema Único de Saúde. Já o debate simplista e demagógico enfraquece o SUS e não propõe soluções para melhorar o sistema de saúde.

A divulgação de um volume de notícias negativas muito maior e com bem mais destaque do que as positivas tem como consequência a formação de uma imagem muito ruim do desempenho do SUS junto à opinião pública. Esse tipo de divulgação, baseado em problemas específicos, passa a impressão de que todo o atendimento do SUS é falho, como se questões pontuais representassem a qualidade de toda a prestação de serviços do sistema. Considerando os seus resultados e falhas, a avaliação equilibrada do desempenho do SUS é a de que ele funciona, mas precisa melhorar. A avaliação negativa é muito exagerada; basta imaginar a não existência do SUS e o consequente caos social que tal medida acarretaria ao país, com milhões de pessoas sem atendimento nas suas necessidades de saúde.

Infelizmente, nossa cultura midiática tem a prática de maximizar os erros e minimizar os acertos na cobertura do funcionamento do SUS. E o SUS tem muito mais acertos que erros. Esse tipo de cobertura, que é realizado com bastante sensacionalismo, pois às vezes temos dramas pessoais muito graves, tem três componentes, que se repetem: a denúncia da falha de atendimento, o não aprofundamento das causas dos problemas apresentados e a culpabilização do gestor local pelas falhas no atendimento.

A simplificação da solução, como se o acesso à saúde da população dependesse apenas de uma decisão do gestor de plantão, ignorando as dificuldades de gestão no setor público (regras de gestão, mobilizar recursos, coordenar os vários interesses em jogo e conseguir apoio político, entre outros), não contribui para esclarecer a população sobre os reais problemas que interferem no acesso aos serviços públicos de saúde.

Vou relatar a cobertura da mídia de três episódios, reais, que nos mostram a importância de o SUS ter uma política de comunicação para proporcionar informação qualificada sobre seu desempenho à população. No começo do meu mandato (2015) na Secretaria de Saúde do Espírito Santo, houve uma reportagem a respeito da falta de leito de UTI para um paciente que estava internado em um hospital. Como sempre, quando se trata de falhas no atendimento à saúde, a matéria era bastante dramática e emotiva, por motivos compreensíveis. O irmão desse paciente foi entrevistado na porta do hospital, aos prantos, porque o paciente estava aguardando uma vaga de UTI e, segundo ele, corria risco de vida, e até aquele momento o SUS não tinha resolvido o problema. Uma reclamação totalmente compreensível. A imagem foi transmitida para todo o estado como uma denúncia do mau funcionamento do SUS. Ocorre que o sistema de regulação do SUS, como sempre faz, estava procurando uma vaga de UTI para internar esse paciente; pouco depois, conseguiu solucionar o problema e determinou a internação desse usuário em um leito de UTI. A mídia, no entanto, não divulgou que o SUS tinha conseguido resolver a situação. A imagem que ficou foi a da falta de assistência. A julgar pelo histórico, mesmo que houvesse a divulgação da resolução do problema pelo SUS, provavelmente ela não teria o mesmo destaque das denúncias. Infelizmente, esse tipo de divulgação é bastante usual. A demanda diária de internação no SUS é muito grande, e a regulação pode às vezes não conseguir solucionar todos os problemas imediatamente, mas não descansará enquanto não os resolver, como ficou demonstrado nesse episódio.

Outro caso ocorreu durante uma entrevista coletiva. Uma repórter me perguntou sobre a qualidade de atendimento de determinado hospital, em função de denúncias que estavam sendo recebidas. Expliquei a ela que eram questões pontuais, que estavam sendo resolvidas, e apresentei os números de uma pesquisa com os usuários desse hospital, que demonstrava um índice de satisfação de mais de 90%. A repórter, depois, foi ao hospital, entrevistou uma única usuária, que fez várias críticas ao atendimento, e concluiu a matéria dizendo que a situação não era como o secretário tinha relatado — não disse uma palavra sobre a pesquisa de satisfação que representava a opinião de vários usuários. Essa matéria obviamente aumentou o descrédito do SUS e do governo. Por que a reportagem foi direcionada para desacreditar a prestação de serviços do SUS e os gestores? A repórter já tinha a informação dos resultados da pesquisa quando redigiu o texto. Há um direcionamento dos editores para priorizar os dramas pessoais nas dificuldades de acesso aos serviços do SUS para ganhar leitores ou audiência? Esse tipo de divulgação fortalece a política de saúde pública?

Por último, um caso que envolve manipulação política dos usuários do SUS. Organizamos um evento para lançar um mutirão de cirurgias. O objetivo era mobilizar os prestadores de serviços e divulgar amplamente o mutirão para que a informação chegasse ao maior número de usuários, em todo o estado. Enviamos convites para entidades, prestadores de serviços e profissionais da saúde. Algumas pessoas mal-intencionadas, e com a nítida intenção de desgastar politicamente o governo, divulgaram pelas mídias sociais que o evento era para cadastrar cidadãos que precisassem de cirurgias, e que eles teriam que estar presentes nesse dia para se cadastrar. Infelizmente, conseguiram enganar alguns usuários, que se deslocaram até o local para se inscrever nas tais "listas de cirurgias". Um movimento claramente com objetivos políticos de oposição ao governo e que, para atingir seus objetivos, não teve escrúpulos. E mais: prevendo confusão no evento, fizeram com que a informação chegasse à mídia para que houvesse ampla divulgação da "armadilha política" preparada para o governo. Pois bem, o repórter presente foi me entrevistar como se o governo fosse o responsável por enganar as pessoas. Mesmo após minhas explicações, a matéria não condenou os que organizaram aquela manipulação dos usuários do SUS. Ao contrário, ao mostrar imagens de muitas pessoas que circulavam pelo local — no caso, um hospital — por outros motivos na hora do evento, ajudou a passar a imagem de que muita gente teria sido enganada.

A mídia foi cobrir o evento de posse de uma informação passada por quem queria manipulá-lo politicamente; ao receber a informação correta, não foi capaz de denunciar essa manipulação. Por quê? A mídia tem dificuldade de defender as ações do governo? Acha que perde credibilidade junto à população se assim o fizer? Esse tipo de cobertura ajuda a defender e promover uma das mais importantes políticas de inclusão social do país?

Todos, inclusive a mídia, temos responsabilidades para com a consequência das nossas decisões e atitudes na melhoria da prestação de serviços do SUS. Apesar do debate demagógico e simplista querer passar um entendimento contrário, esse papel não é só dos governos: envolve a população, organizações públicas, mídia, parlamentares, até porque os governos passam e as políticas públicas de saúde precisam ter continuidade para que possam evoluir ao longo do tempo. Como sustentá-las sem apoio da sociedade?

A divulgação das informações sobre o desempenho do SUS com forte ênfase negativa produz enorme desgaste na sua imagem e facilita a prática das denúncias demagógicas e simplistas. A consequência desse tipo de divulgação é que a população não consegue fazer uma avaliação equilibrada dos acertos e erros do sistema, porque a informação que recebe, majoritariamente, o desqualifica. Isso é muito perigoso para o SUS, porque sua sobrevivência, seu desenvolvimento e a superação de seus desafios de gestão dependem do apoio da população.

Por tudo isso, a divulgação de informações qualificadas sobre o desempenho do SUS é fundamental. Os gestores da saúde devem estabelecer, dentro da estratégia de gestão, uma política de comunicação que cumpra esse papel de esclarecer à população o real desempenho do SUS e o comprometimento que todos devem ter na sua preservação.

A relação com a mídia é um dos pontos mais importantes e delicados dessa estratégia, pois está em jogo a questão da liberdade de imprensa e os seus limites. Como divulgar as críticas às falhas do sistema sem passar a ideia de que o SUS não funciona? A crítica é bem-vinda, mas tem de servir para aprimorar o SUS, e não para denegrir sua imagem. Se destruirmos o SUS, o que colocamos no seu lugar? Esse tipo de crítica ajudou o país a ter um SUS melhor? A mídia tem responsabilidade na construção do sistema de saúde? Ou isso é problema apenas dos governos?

Essa discussão não é fácil de fazer, pois alguns debatedores sempre argumentam que estão apenas noticiando dados, fatos, e sua não divulgação esconderia das pessoas informações sobre o que está acontecendo com a prestação de serviços de saúde. Esse argumento, ao não admitir a crítica, parte do pressuposto de que a cobertura da mídia está sempre certa, inibe o debate sobre como aprimorá-la e é uma forma de intolerância.

Não se trata de limitar o direito à informação ou a liberdade de imprensa, mas de crítica da forma atual de divulgação de informações sobre o SUS. Até porque é importante que a população conheça os acertos e erros do sistema e as causas dos seus problemas atuais, porque o desenvolvimento do mesmo depende do apoio dos usuários, e a divulgação de informações qualificadas fortalece a mobilização da sociedade na defesa do SUS.

Obviamente, não se pode defender a não divulgação de quaisquer informações sobre o desempenho do sistema. O que estou defendendo é a importância, para a prestação de serviços de saúde pública à população, de que qualquer divulgação se preocupe, ao fazer a crítica, em preservar uma das mais importantes políticas de inclusão social do país. É importante mostrar o que funciona e o que não funciona de forma equilibrada, e considerando que a política pública deve priorizar o interesse coletivo.

Os gestores têm de aprender como se relacionar com a mídia. É importante esclarecê-la sobre o funcionamento do SUS e as causas das suas falhas de atendimento para evitar o debate público simplista que não ajuda a identificar os reais problemas que provocam essas falhas. É preciso aproveitar o interesse da mídia pelas questões pontuais para debater, a partir delas, a dimensão coletiva da política pública de saúde e a complexidade da sua gestão.

Visão de longo prazo

A melhoria da prestação de serviços do SUS depende de um planejamento de longo prazo. Esse é um desafio para a gestão do SUS, em função das dificuldades decorrentes do setor público de garantir continuidade administrativa na sucessão dos governos e porque a cultura gerencial predominante é voltada para a resolução de problemas imediatos, decorrentes das enormes dificuldades diárias. É o que chamo de "cultura de urgência e emergência".

Além disso, a cobertura da mídia com ênfase nas questões pontuais acaba contribuindo, também, para forjar essa cultura gerencial de curto prazo, pois direciona os esforços da gestão, inclusive no nível estratégico, para resolver os problemas pontuais, para evitar maiores desgastes na imagem do SUS e dos governos. O debate sobre a saúde na imprensa, em geral, é o debate das questões pontuais. Muito raramente vemos ou lemos alguma informação mais qualificada sobre o tema. A utilização pelas forças políticas demagógicas das dificuldades de acesso aos serviços do SUS para desgastar o governo de plantão também age no sentido de favorecer o curto prazo.

Esse ambiente de muita pressão pelo curto prazo dificulta a introdução de uma visão de médio e longo prazos no gerenciamento dos problemas do SUS. Qualquer proposta de planejamento nesse sentido encontra sempre muita resistência porque é vista, por muitos gestores, como mais uma atividade a ser feita, que concorre com as demandas diárias de atendimento ao cidadão, que são as que repercutem na mídia e mobilizam as autoridades.

Essa cultura tornou-se um importante obstáculo à melhoria de gestão do SUS, porque aprisiona os gestores numa agenda de curtíssimo prazo, a qual é insuficiente para promover ganhos de eficiência e de qualidade na prestação de serviços públicos de saúde. Portanto, um dos maiores desafios para a qualificação da gestão do SUS é a introdução de uma visão de médio e longo prazos, compartilhada por todos os gestores.

Reorganização da rede de atenção à saúde

Uma das dimensões importantes da estratégia de gestão da saúde é reorganizar a rede de atenção à saúde (atenção primária, ambulatorial especializada e hospitalar). Um dos principais motivos dessa reorganização tem a ver com a transição demográfica e o consequente envelhecimento da população com a predominância das doenças crônicas.

O modelo atual de atendimento da rede de atenção à saúde induz a ineficiências e ineficácias e não atende às necessidades atuais da população. As consequências são visíveis nas longas filas para acesso aos serviços especializados e na superlotação dos hospitais resolutivos. No Espírito Santo, estima-se que de 60% a 70% dos usuários que demandam pessoalmente atendimento de emergência nos hospitais deveriam ter sido atendidos na atenção primária. E que 30% dos atendimentos hospitalares são realizados em função da agudização de doenças, que poderia ter sido evitada com atendimento resolutivo na atenção primária. Esses indicadores são semelhantes em todo o país.

A reorganização da política assistencial deve ser feita considerando as redes de atenção à saúde, o papel da atenção primária na ordenação do sistema, a predominância das doenças crônicas, a integração dos vários níveis de atenção, a alocação do máximo possível de serviços nas regiões de saúde, a descentralização da gestão para as regiões e uma definição clara sobre as funções essenciais de cada unidade assistencial, no âmbito da atenção primária, secundária ou terciária.

Essa reorganização permite que o usuário seja atendido na sua própria região de saúde, evitando longos deslocamentos pelas estradas para ter acesso aos serviços, e reformula o atendimento ambulatorial especializado, considerando que as doenças crônicas necessitam de cuidado contínuo, atendimento multiprofissional e forte envolvimento do usuário no autocuidado. Também passa por uma mudança nos processos de trabalho das unidades básicas de saúde, desde o primeiro atendimento do paciente no local mais próximo da sua residência até o serviço especializado, garantindo um melhor fluxo e a integralidade do cuidado, possibilitando a redução dos encaminhamentos desnecessários à média complexidade, com redução nas filas de espera e a priorização dos pacientes que realmente necessitam do atendimento especializado, por meio da estratificação de riscos de saúde da população. O usuário, ao passar pelo serviço especializado, recebe um plano, negociado com ele, que contém todas as recomendações dos profissionais que o atenderam de acordo com sua necessidade. Esse plano de cuidado tem por objetivo orientá-lo e ser referência para o seu acompanhamento pela atenção primária.

Além disso, essa reorganização incentiva que a região de saúde se estruture para administrar em conjunto com as secretarias estaduais a prestação de serviços de saúde na região, gerando economia de escala. Cria-se, também, a necessidade de um plano de transição para quem já está sendo atendido no modelo antigo. Para esses casos, a melhor estratégia é criar mutirões de consultas, exames e cirurgias até que as filas sejam zeradas.

Em síntese, a reorganização da rede de atenção à saúde tem por objetivo superar um modelo de atenção centrado na assistência hospitalar e reverter a lógica fragmentada do sistema, reestruturando-o a partir do conceito de redes de atenção regionalizadas, com foco nas doenças crônicas e na ordenação do sistema pela atenção primária. Ela também nos permite gerir a prestação de serviços a partir das necessidades de saúde da população, e não da oferta dos serviços.

A figura 2 mostra as três dimensões dessa reorganização: a mudança dos modelos de atenção, organização do sistema e gestão da saúde.

Figura 2

Proposta de mudança de modelos

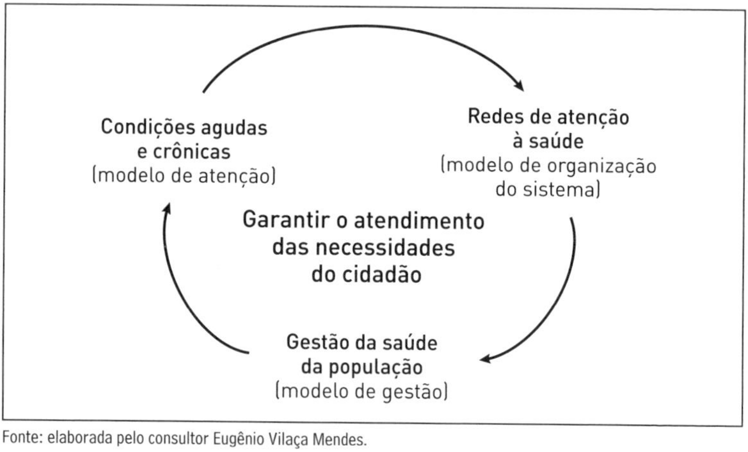

Fonte: elaborada pelo consultor Eugênio Vilaça Mendes.

Financiamento

O constituinte definiu um sistema de saúde generoso na Constituição de 1988, mas se esqueceu de definir um sistema de financiamento à altura desse desejo. O SUS se debate desde então com graves problemas de financiamento das suas ações e serviços.

O gasto total em saúde (público e privado) no Brasil, em relação ao PIB, é semelhante ao de países que têm sistema público e universal. O que diferencia o Brasil é que o gasto privado é maior que o público. Este, nos países que têm sistema público e universal, gira em torno de 70% do total, enquanto no Brasil está em torno de 47%. Isso significa que o gasto da sociedade está em desacordo com o mandato constitucional. É preciso, então, ampliar o gasto público para garantir o exercício do direito à saúde, conforme previsto na Constituição (ver tabela na próxima página). Além disso, o subfinanciamento federal tem sobrecarregado estados e municípios, que já ultrapassaram o limite de comprometimento das suas receitas definido na Constituição para financiamento das ações e serviços de saúde. Em 2017, por exemplo, o Espírito Santo aportou 76% dos recursos financeiros do fundo estadual de saúde, comprometendo 18,74% da sua receita corrente líquida no financiamento da saúde, muito acima do limite determinado pela legislação, de 12%.

A solução para o financiamento adequado do SUS depende de ações do governo federal e do Congresso Nacional. De toda forma, qualquer que seja o volume de recursos financeiros disponíveis, eles devem ser gastos com qualidade e eficiência — daí a necessidade de uma estratégia para aprimorar a gestão do SUS.

A estratégia da gestão financeira, por exemplo, tem de considerar duas dimensões: o controle das despesas e o aumento das receitas, provenientes, principalmente, do Ministério da Saúde. Por isso, aprimoramos o gerenciamento do processo de habilitações de serviços junto ao ministério e o controle do faturamento dos serviços prestados. Essas ações ajudam a financiar os gastos das secretarias. Além disso, a implantação de sistema de custos, inclusive nas organizações sociais e hospitais filantrópicos, promove eficiência, transparência nas relações contratuais e controle dos gastos, contribuindo, também, para o financiamento das ações e serviços promovidos pelas secretarias de saúde.

Gasto em saúde no Brasil e em países selecionados (2012)

País	Gasto total em saúde (em % do PIB)	Gasto público em saúde (em % do PIB)
Brasil	8,9	3,8
Argentina	6,8	4,9
Chile	8,1	4,9
Costa Rica	8,1	6,2
Uruguai	9,2	6,4
Espanha	9,2	6,5
Estados Unidos	16,8	8,5
Finlândia	9,4	7,3
Grécia	8,4	5,0
Irlanda	7,8	5,4
Israel	7,4	4,5
Itália	9,2	6,7
Portugal	9,0	5,9
Reino Unido	9,9	7,9

Fonte: Organização Mundial da Saúde. *Global health data repository*: health financing, 2015. Genebra: OMS, 2018.

O desafio da gestão logística

A estratégia de gestão deve considerar o enorme desafio logístico de prestar serviços de saúde a toda a população brasileira. Superá-lo no dia a dia requer uma enorme capacidade de gestão dos três níveis de governo, uma articulação com muitas organizações públicas e privadas e atendimento aos limites da legislação de controle e gestão. Enfim, trata-se de uma tarefa política e técnica. O debate sobre o modelo de gestão do SUS pressupõe entender as características do serviço que se vai prestar. O modelo de gestão de um banco não é igual ao de uma lanchonete.

As características da prestação de serviços de saúde do SUS estão sistematizadas na figura 3:

Figura 3

Características da prestação de serviços de saúde do SUS

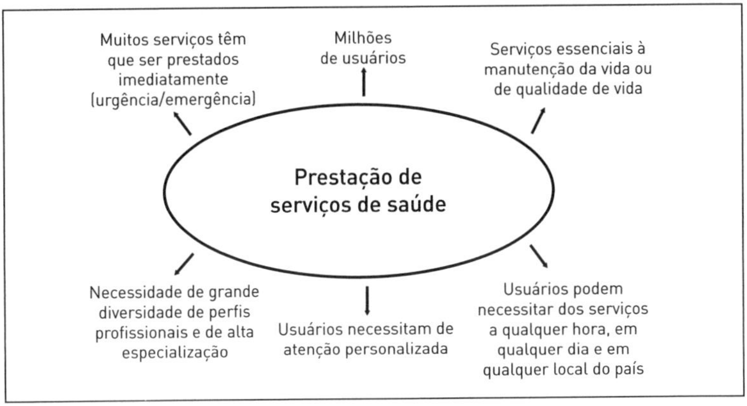

Fonte: elaborada pelo autor.

A quantidade de usuários do SUS, mais de 200 milhões em todo o território nacional, por si só já define um desafio logístico sem paralelo no mundo, pois não há nenhum outro país com mais de 100 milhões de habitantes que tenha um sistema público e universal de saúde. Também não há nenhuma organização, pública ou privada, que tenha esse volume de usuários no nosso país. O tamanho da clientela já demonstra a magnitude do desafio logístico da prestação de serviços pelo SUS.

1) Os serviços prestados pelo SUS são essenciais para a manutenção da vida ou da qualidade de vida. Não estamos falando de produzir ventiladores, móveis, serviços de limpeza ou de

restaurante. Os serviços do SUS promovem, previnem ou recuperam a saúde dos cidadãos. Todos vão utilizar esses serviços muitas vezes ao longo da vida, desde o nascimento até a morte. Um atendimento de qualidade, a tempo e a hora, pode ser a diferença entre a vida e a morte ou entre a incapacidade física ou mental e a saúde. Trata-se de serviços que cuidam das pessoas no seu momento mais frágil, daí a necessidade de práticas de acolhimento e de solidariedade humana. Essa é uma característica importante no ambiente de trabalho do SUS: valorizar a solidariedade humana. São pessoas cuidando de pessoas.

2) Os usuários do SUS podem necessitar dos seus serviços a qualquer hora, em qualquer dia e em qualquer local deste país, e o SUS tem de estar preparado para atendê-los. Isso significa uma enorme capilaridade na oferta dos serviços e uma distribuição que deve considerar a escala, de acordo com o tamanho da população, e o tempo adequado para cada tipo de atendimento. Também é preciso colocar à disposição dos profissionais equipamentos sofisticados para auxiliá-los no atendimento. Pelas dimensões continentais do nosso país, já podemos imaginar o tamanho do desafio.

3) Os usuários necessitam de atenção personalizada. Cada pessoa que procura os serviços do SUS tem um histórico de saúde que precisa ser levado em consideração na hora do atendimento. Mesmo quando se trata do mesmo problema, os tratamentos podem ser diferentes se uma dessas pessoas é diabética ou hipertensa, por exemplo. Portanto, trata-se de uma prestação de serviços de massa e, ao mesmo tempo, personalizada.

4) Para realizar esse tipo de prestação de serviços, o SUS necessita de grande diversidade de perfis profissionais e de alta especialização, distribuídos em todo o país, de acordo com a necessidade de atendimento da população. O desafio, aqui, é de política de pessoal: como selecionar e manter esse conjunto

de profissionais motivados e capacitados, em todo o território nacional? A interiorização desse tipo de mão de obra tem sido um grande desafio para o SUS, principalmente para os municípios. A falta de uma solução para esse problema tem impactado a qualidade da prestação de serviços de saúde à população.

Muitos serviços têm de ser prestados imediatamente, sob pena de morte ou danos irreversíveis à saúde dos pacientes. Esses serviços são chamados de urgência e emergência. O primeiro atendimento de um paciente que precisa desse tipo de serviço tem de ser feito em minutos, com participação de profissionais de formação diversa, alguns com alta especialização. Um serviço com esse tipo de demanda pressupõe uma forte capacidade de mobilização, de forma imediata, dos recursos humanos, materiais e de equipamentos necessários ao atendimento requerido naquele momento. As equipes multiprofissionais trabalham em plantões, de forma a manter o serviço 24 horas à disposição dos usuários do SUS. Pelas suas características estressantes, esse tipo de serviço exerce uma "pressão" muito grande sobre as equipes de trabalho, em função da necessidade de tomar decisões e realizar intervenções imediatas que podem significar, muitas vezes, vida ou morte para os pacientes. Além disso, incentiva uma cultura organizacional voltada para o curtíssimo prazo.

5) Tendo em vista esse desafio logístico e as limitações à gestão eficiente impostas pelo marco regulatório administrativo e de controle existente hoje, é possível entender algumas das deficiências da prestação dos serviços públicos de saúde à população e o impacto esperado na ampliação da oferta de serviços com o aumento da eficiência na gestão do SUS. Por isso, o debate que precisamos fazer é sobre quais conceitos de gestão e controle devemos utilizar para garantir a prestação de serviços de saúde com eficiência, eficácia e efetividade para milhões de pessoas. O nosso atual marco regulatório administrativo e de

controle é suficiente? As regras de gestão da saúde têm de ser as mesmas de todo o setor público?

Não há mais como fugir desse debate.

Apesar de todas as dificuldades de gestão, o SUS consegue entregar um enorme volume de serviços; milhões de atendimentos diários são realizados em todo o país. Imaginem o benefício para os usuários do SUS se conseguirmos dar um salto na eficiência da gestão do sistema.

6.

Judicialização da saúde

A Constituição brasileira definiu no seu art. 196 o direito à saúde como direito de todos e dever do Estado. Também definiu esse direito como universal e integral. Temos, portanto, constitucionalmente, um sistema baseado em valores como solidariedade, igualdade e equidade. É um sistema generoso que acolhe e cuida da saúde de 200 milhões de brasileiros. Antes, não existia esse direito e muitos brasileiros dependiam da caridade ou filantropia para ter acesso a tratamento de saúde. Por isso, o SUS se transformou num dos mais importantes instrumentos de que a sociedade dispõe para combater a desigualdade e promover a inclusão social no país.

Como o legislador não estabeleceu um prazo para a implantação gradativa desse direito, entendeu-se que seria imediato. E, também, como o legislador não definiu como financiar integralmente esse direito, originou-se um conflito entre o direito do cidadão e a capacidade do Estado de garantir o exercício desse direito em toda a sua plenitude.

Em síntese, temos aí dois dramas: o do cidadão, para acessar os serviços de saúde, e o das autoridades, para garantir esse acesso. Dramas que se cruzam diariamente em todo o país. Em alguns momentos, com final feliz; em outros, não.

Essa é a origem da judicialização na saúde: o cidadão quer exercer seu direito constitucional e aciona a justiça. Além disso, o entendimento majoritário entre os juízes é o de que o direito à saúde não está limitado pela oferta dos serviços pelo SUS.

Esse conflito tem aumentado exageradamente nos últimos anos, gerando muitos debates sobre suas consequências. Não por causa da judicialização em si, fato inerente ao estado democrático de direito, mas por causa do seu excesso. O quantitativo de processos judiciais anuais e o volume de recursos financeiros para atender a essas demandas já comprometem a execução da política pública de saúde. No Espírito Santo, no final de 2018, a Secretaria de Saúde estava recebendo, em média, 49 mandados judiciais por dia.

Esse debate é importante e precisa ser aprofundado para que possamos avançar na melhoria da prestação de serviços de saúde à população. Entretanto, essa discussão não é apenas sobre o direito do acesso à justiça. É preciso considerar o contexto da política pública de saúde, seus resultados, acertos e erros. Temos um problema complexo, de ação coletiva, que envolve vários atores públicos e privados e a própria população. Considero que chegarmos a um diagnóstico comum sobre os problemas do SUS é um pressuposto fundamental para superá-los. Este texto pretende contribuir para a formulação desse diagnóstico em relação à judicialização.

O crescimento vertiginoso da judicialização da saúde, fenômeno recente, acrescenta um problema para a gestão do setor e traz à tona uma série de questões sobre a prestação de serviços, a seguir relacionadas. (1) Cria-se outra porta de entrada para o SUS, desqualificando a política de saúde. (2) Muitos usuários se veem incentivados a judicializar suas demandas sem ir primeiro ao SUS. (3) Compromete-se a equidade no acesso, já que a decisão judicial coloca o beneficiário com prioridade para atendimento, o que faz com que muitas vezes ele seja atendido na frente de usuários com maior necessidade terapêutica (interesse coletivo

× interesse individual). (4) O volume de recursos financeiros direcionados para atender as decisões judiciais, que é bastante elevado, dificulta a execução do planejamento das políticas de saúde. (5) Demonstra-se o efeito positivo da correção de falhas do sistema de saúde por meio do sistema de justiça, como a incorporação de alguns medicamentos ou procedimentos. (6) Sobressai a importância do debate sobre o entendimento do conceito de integralidade do atendimento. (7) Evidencia-se a falta de coordenação das ações dos órgãos do Estado que interferem na prestação de serviços de saúde pública. (8) Levanta-se a necessidade de um debate sobre como os órgãos de justiça (Poder Judiciário, Ministério Público, Defensoria Pública) podem cumprir seu papel no atendimento às demandas da população, sem prejudicar a política de saúde. (9) Torna-se premente o esclarecimento sobre o papel do Ministério da Saúde e das secretarias estaduais e municipais como responsáveis legais pela formulação e execução da política de saúde, bem como sobre os limites das decisões judiciais em relação a esse papel. (10) Explicita-se a necessidade de considerar os condicionantes legais da administração pública para cumprimento de decisões judiciais, a tempo e a hora. (11) Incentivam-se gastos mais elevados nos processos de compra para atender as demandas judiciais. (12) Torna-se clara a má utilização do sistema por parte dos usuários, provocando desperdícios. (13) Alguns profissionais do próprio SUS incentivam os cidadãos a judicializarem. (14) Nota-se a deficiência de profissionalização na gestão do setor público, comprometendo a continuidade das políticas de saúde. (15) Torna-se evidente o clientelismo político, que fragiliza a gestão e pressiona pela quebra da equidade no acesso aos serviços. (16) A forma como a mídia divulga as informações sobre o sistema enfatiza os erros. (17) Notabiliza-se o incentivo a interesses privados na venda de produtos e serviços para o SUS. (18) Cria-se um enorme mercado para advogados, aumentando mais ainda a pressão sobre o patrimônio do gestor. Temos centenas de profissionais do direito, público e privado, atendendo a interesses individuais e acionando a justiça diariamente — muitos deles, solicitando penalização pessoal do gestor. (19) Por fim, os juízes estão penalizando pessoalmente os gestores por falhas na prestação de serviços de saúde de responsabilidade do Estado, introduzindo insegurança jurídica na gestão. Este é um dos principais fatores que dificultam a formação de equipes na área de saúde.

Enfim, temos um conjunto de interesses, institucionais e privados, voltados para responsabilizar o gestor sobre as falhas do sistema de saúde.

Apresento a seguir algumas reflexões sobre o tema, a partir da minha própria experiência como secretário de Saúde do Espírito Santo (2015-2018), que podem ajudar a ampliar e aprofundar o debate e entender melhor o contexto e a complexidade da judicialização da saúde. Muitos dados se referem ao SUS daquele estado; portanto, estou debatendo o tema a partir de uma administração que consegue ofertar os serviços planejados pela política de saúde, apesar de algumas deficiências. No entanto, essas questões relacionadas à judicialização ocorrem em todos os estados brasileiros.

1) Muitos acreditam que alguns usuários procuram a justiça porque o SUS não funciona. A justiça seria, assim, a única forma de garantir seus direitos. Portanto, a primeira questão que precisamos debater é o desempenho do SUS. Afinal, ele funciona ou não? Qual a real situação da sua prestação de serviços à população?

O SUS funciona, embora tenha problemas. O relatório de gestão do Ministério da Saúde para o ano de 2018 nos mostra que mais de 70% da população brasileira é usuária do SUS e que foram realizados 20 milhões de procedimentos radioterápicos,

2,6 bilhões de procedimentos ambulatoriais e 11,8 milhões de procedimentos hospitalares, além de terem sido distribuídos, em todo o país, 300 milhões de doses de imunobiológicos e 592,5 milhões de unidades de fármacos. Como dizer que um sistema que realiza bilhões de atendimentos em todo o país não funciona?

Atende a toda a demanda? Não. É preciso ampliar alguns serviços? Sim. É preciso melhorar a qualidade do atendimento? Sim. Mas dizer que não funciona é um enorme exagero. No entanto, quem acompanha o desempenho do SUS pela mídia vai achar que ele não funciona. Infelizmente, a mídia tem a prática de maximizar os erros e minimizar os acertos. Os acertos são muito maiores que os erros. Não é trivial organizar um sistema para prestar serviços públicos de saúde para 200 milhões de pessoas. É um enorme desafio político e técnico.

Se avaliarmos os resultados do SUS em todo o país desde a sua criação, vamos encontrar muitos benefícios, como a enorme queda da mortalidade infantil, o aumento da expectativa de vida da população, a erradicação de várias doenças devido ao programa nacional de imunização, o programa de transplantes, o programa de Aids e tantos outros. Portanto, temos que celebrar seus resultados e debater como aprimorar o SUS sem as demagogias ou simplismos a que muitos gostam de recorrer — por exemplo, procurando o culpado de sempre, que é o gestor. Precisamos, como todos sabemos, resolver seus problemas de acesso, financiamento e qualidade de atendimento. Para isso, é necessário aprofundar as discussões sobre o SUS, fugindo das soluções simplistas que caracterizam o debate atual ou, o que é pior, a ausência de debate.

2) No período de 2011 a 2016, no Espírito Santo, houve um aumento de 347% no quantitativo de ações judiciais, contra um crescimento da população de cerca de 12%. Além disso, a oferta de serviços de saúde pública cresceu muito mais que o incremento populacional. O número de consultas especializadas aumentou

54,1%; exames, 30,4%; leitos de UTI, 58,3%; e medicamentos dispensados, 198,4%.

Nesse contexto, o enorme crescimento dos processos judiciais coloca em xeque a simples explicação de que a motivação para a judicialização é, apenas, a falta de prestação de serviços públicos de saúde. Portanto, é preciso conhecer melhor as causas desse fenômeno e assim coibir seus excessos, em benefício do interesse público.

3) O crescimento da judicialização demonstra que alguns usuários acham que os problemas de acesso ao SUS se resolvem com decisões judiciais. É óbvio que alguns conseguem sanar seus problemas pessoais, mas é impossível que todos o consigam por via judicial. Essa alternativa inviabilizaria o funcionamento do Judiciário, do Ministério Público e da Defensoria, e destruiria o SUS. É isso que queremos? Mesmos aqueles que conseguirem resolver seus problemas pessoais do momento: como resolverão no futuro? Judicializando de novo? Ou seria melhor para todos que o SUS superasse seus desafios de financiamento e gestão?

O acesso à saúde é um direito coletivo, e a judicialização tem fortalecido o direito individual sobre o direito coletivo. Como podemos ver, ela é uma solução simplista, que enfraquece a política pública de saúde e tende a criar enormes dificuldades no funcionamento de órgãos importantes do Estado. As procuradorias estaduais, por exemplo, estão tendo que dedicar cada vez mais procuradores para esse tipo de caso; no Espírito Santo, esse número já ultrapassava duas dezenas.

É claro que acessar a justiça é direito de todos. O que estamos discutindo é se esse caminho resolve o problema ou se estamos colocando em risco o próprio direito à saúde.

4) A impressionante velocidade de crescimento dos processos de judicialização nos últimos cinco anos evidencia uma disfuncionalidade do Estado brasileiro.

O Estado brasileiro, quando pressionado por um problema de ação coletiva, como é o caso da judicialização da saúde, não está conseguindo se articular e responder adequadamente às demandas da população para ter acesso aos serviços de saúde. Apesar de algumas decisões aprimorarem a política de saúde, outras têm favorecido o crescimento de interesses econômicos e a fragilização da política de saúde e da gestão do SUS.

É como se estivéssemos em uma "armadilha institucional" que envolve todo o setor com poder de interferir na provisão de serviços de saúde pública (Poder Judiciário, Ministério Público, Defensoria Pública e Poder Executivo): cada órgão faz seu trabalho isoladamente e, no fim, se alcança um objetivo diferente do que se pretende, que é melhorar a prestação de serviços a toda a população. Se cada um desses órgãos do sistema judicial cumprir seu dever, dentro do seu mandato legal, sem se preocupar com as consequências na política pública de saúde, vamos prejudicar a prestação de serviços ao cidadão. Isso porque as decisões são motivadas por questões específicas, sem visão do todo.

Para tornar mais complexo o impacto da atuação dos órgãos judiciários no sistema de saúde, existe a autonomia funcional dos seus membros. Cada operador do direito interfere no processo de prestação de serviços, individualmente, de acordo com sua avaliação do problema, com sua concepção da política de saúde e com seu juízo do que o SUS deve ou não fazer. Não há um entendimento, por exemplo, de que os limites da prestação de serviços de saúde são definidos pelas políticas do Ministério da Saúde. A situação tem colocado o juiz perante uma situação difícil, como se a vida da pessoa requerente dependesse da decisão dele naquela hora. São decisões difíceis, porque envolvem valores conflitantes na sociedade, como o interesse individual e o interesse coletivo.

O excesso de judicialização tem evidenciado essa falha de coordenação no funcionamento do Estado. Caímos nessa “armadilha”, mas é preciso sair dela, por meio da intensificação do diálogo entre os órgãos públicos envolvidos para a criação de um diagnóstico comum sobre os problemas do SUS e para a realização de ações coordenadas, tendo como objetivo garantir o direito à saúde.

5) Essa disfuncionalidade se manifesta, também, na tremenda dificuldade que o parlamento federal tem de processar demandas que interessem à população e tomar decisões rapidamente, sobretudo em relação ao financiamento da saúde ou em relação ao conceito de integralidade no atendimento. A integralidade é limitada pela oferta de serviços do SUS ou não? Essa e outras são questões decisivas para garantir o direito à saúde, e, por não decidir, o Congresso Nacional promove conflitos em todo o país entre a população e o Estado e entre os órgãos públicos envolvidos. Essa paralisia decisória é uma das raízes da judicialização. Há, também, uma questão legal que permite aos juízes penalizarem gestores por falhas na prestação de serviços públicos. Por tudo isso, o tema merece uma atenção especial do Congresso, único local capaz de mediar esse conflito, em benefício dos usuários do SUS. A superação dessas disfuncionalidades depende da liderança do Congresso nesse debate sobre as causas da judicialização.

A frustração da expectativa da população de exercer direitos garantidos pela legislação está diretamente relacionada com a perda de legitimidade do Estado, tendo como consequência o enfraquecimento da democracia.

6) Hoje, temos um esforço na direção de superar essa falha no funcionamento do Estado, por intermédio dos comitês de saúde organizados pelo Conselho Nacional de Justiça (CNJ) nos tribunais de justiça, que estão incentivando o diálogo entre esses vários órgãos governamentais, em benefício dos usuários do SUS. Temos que fortalecê-los.

O CNJ tem desenvolvido um trabalho importantíssimo na orientação aos magistrados e no incentivo à criação de comitês de judicialização nos estados, para coordenar a construção de uma visão comum sobre a política de saúde e aumentar a cooperação dos vários órgãos públicos.

Infelizmente, esse trabalho ainda não produziu a necessária redução do número de processos judiciais. Em função dessas dificuldades, muitos acreditam que será preciso alterar a lei para mudar o entendimento consolidado entre muitos magistrados sobre a política de saúde e reduzir a rigidez da legislação sobre penalização pessoal de gestores.

Nesse debate sobre a mudança da lei, há um argumento de que essas mudanças vão restringir o espaço de decisão do magistrado, o que obviamente não procede, pois muitas mudanças já foram feitas na legislação para permitir uma maior eficiência do Judiciário, como foi o caso do estabelecimento do efeito vinculante, que evitou a repetição e a diversidade de decisões sobre o mesmo tema em todo o país.

7) Uma consequência gravíssima da judicialização é a penalização pessoal dos gestores. A dificuldade que o SUS tem, algumas vezes, de atender às demandas no prazo determinado pelos juízes compromete a efetividade da decisão judicial e a imagem do sistema perante a população, além de aumentar a tensão entre o gestor e os juízes.

Essa dificuldade provém do enorme volume de ações judiciais, das demandas que chegam, ao mesmo tempo, à regulação do SUS, da falta de estrutura administrativa adequada das secretarias de saúde e das regras de gestão do setor público, que, como sabemos, não primam pelo incentivo à eficiência. Em um único fim de semana de 2018, o Espírito Santo recebeu 98 ações judiciais.

Não é trivial, no setor público, ter agilidade administrativa para atender a essa demanda no prazo requerido. Para cada juiz existe a sua decisão, mas para o SUS todas as decisões precisam ser cumpridas.

Esse descompasso entre a demanda judicial e a capacidade do SUS de atendê-la está, também, provocando desgaste entre o gestor público e os juízes. Alguns juízes podem entender que o atraso no cumprimento da sua decisão ou a não prestação de informações solicitadas no prazo estabelecido se devem simplesmente à falta de interesse do gestor em atender as decisões judiciais, o que não é verdade. As secretarias de saúde têm uma grande dificuldade administrativa para importar medicamentos que não têm autorização da Anvisa para serem comercializados no país. Além disso, existe uma enorme burocracia para a tomada de decisão e para a execução de uma compra no setor público. Imaginem processar dezenas de mandados e solicitações de informação por dia, nos prazos exíguos definidos. Portanto, considerando o ambiente de restrições para a execução de qualquer decisão no setor público, cumprir decisões judiciais no prazo requerido é muito difícil.

Infelizmente, esse desgaste tem levado a decisões que penalizam o gestor público com bloqueio de contas pessoais, ameaça de prisão ou de condução coercitiva e até multas diárias. Essas decisões podem passar a imagem de que as secretarias de saúde são um antro de corrupção e incompetência, e de que os gestores são os culpados pela dificuldade de acesso aos serviços de saúde pública porque não providenciaram a disponibilidade do serviço a tempo para a população. Mas não é o caso. Esse é o padrão de alguns juízes ao decidirem sobre questões de saúde, em todo o país. As penalizações partem do princípio de que o responsável pela oferta de serviços públicos de saúde é a pessoa física do gestor, e não o Estado.

Essa compreensão transformou o cargo de gestor da saúde em atividade de alto risco pessoal, colocando seu patrimônio em risco e ameaçando sua liberdade. Além disso, a defesa do gestor tem de ser financiada pelos seus recursos próprios, pois, em geral, as procuradorias dos estados entendem que não podem defender o gestor, pois elas só defendem o Estado, e esse tipo de ação é pessoal. De novo, o entendimento de que a prestação de serviços públicos de saúde é de responsabilidade do gestor, e não do Estado. Portanto, temos, de um lado, o Estado, com seus enormes recursos, e, do outro, o gestor, com seus recursos privados. Esse embate é totalmente desigual, em desfavor do gestor.

Em um ambiente como esse, de alto risco, quem se habilitará para ser gestor da saúde? Em todo o país temos dificuldade de recrutar gerentes para a saúde. Há uma enorme insegurança, medo mesmo, de assumir qualquer cargo na saúde devido às penalizações pessoais dos gestores e técnicos por parte do Judiciário e do Tribunal de Contas, por questões de responsabilidades do Estado e entendimento da legislação. Como garantir uma boa gestão em um ambiente com essa tremenda insegurança jurídica?

Quero afirmar, por experiência própria, que o gestor não é o culpado. Se fosse, teríamos uma solução muito simples: troca-se o gestor. Vamos refletir sobre essa solução. O SUS tem 30 anos. Quantos gestores foram trocados em todo o país nesses 30 anos? Será que erramos em todos? E, quando acertamos, por que não conseguimos manter a continuidade da política de saúde? Porque temos eleições e periodicamente se troca o gestor. Como podemos perceber, infelizmente, a solução é mais complexa. Não existe um culpado de plantão. Estamos passando uma visão errada dos problemas do SUS para a sociedade. Uma visão simplista que não ajuda o debate sobre como melhorar a prestação de serviços do SUS.

8) Nas discussões sobre judicialização da saúde de que participei com os operadores do direito, eles sempre argumentaram que apenas atendem a solicitações de pacientes ou advogados que

os procuram, com base em indicações médicas, para ter acesso aos serviços de saúde.

A questão para o sistema judiciário é como tratar essa pressão advinda da sociedade preservando o interesse coletivo, corrigindo falhas do sistema e evitando a manipulação por interesses privados, que desejam lucrar com a dificuldade do Estado na oferta de serviços de saúde, no tempo requerido pelos interesses individuais.

Ocorre que essas decisões, mesmo suportadas por laudo médico, se referem a orientações sobre um caso específico, sem visão do conjunto das necessidades dos pacientes do SUS. Só quem detém todas as informações para embasar uma decisão equânime são os médicos reguladores do SUS.

As demandas que chegam ao SUS são analisadas, em conjunto, pelos médicos reguladores, para definir qual delas precisa de atendimento mais urgente, em função da prioridade médica. O atendimento no SUS é priorizado por ordem de chegada e pelo risco do paciente. A qualquer momento a fila de espera para atendimento pode sofrer alterações por decisão do médico regulador, em função do surgimento de uma demanda com risco maior do que as que já estavam aguardando atendimento.

Dessa forma, se mantém a equidade no acesso aos serviços públicos de saúde. Os médicos reguladores, a todo instante, estão procurando solucionar as demandas que chegam por meio do sistema de regulação. A missão deles é resolver o problema do usuário do SUS, mesmo que tenham que comprar serviços na iniciativa privada, o que ocorre quando a oferta de serviços públicos não consegue atender à demanda.

A decisão judicial não considera na sua avaliação as necessidades e os riscos do conjunto dos pacientes que aguardam atendimento. Ao decidir considerando apenas uma única demanda, o juiz pode estar provocando sérios prejuízos aos usuários do

SUS que aguardam na fila para serem atendidos com maior risco que o beneficiário da decisão judicial.

Também, a incorporação de medicamentos ou procedimentos, no SUS, é precedida de um amplo estudo, que envolve pesquisadores de todo o país, por intermédio da Comissão Nacional de Incorporação de Tecnologias (Conitec), em que se define o custo/efetividade da incorporação de uma nova tecnologia no tratamento dos usuários. Como uma indicação de apenas um médico, no processo judicial, pode sobrepor-se a esse processo decisório?

9) É fundamental que todos que participam do processo decisório sobre a prestação de serviços de saúde pública tenham entendimento sobre como o SUS se organiza para atender à demanda.

Há três níveis de atendimento no SUS: atenção primária, atenção ambulatorial especializada e atenção hospitalar. Para que a prestação de serviços de saúde tenha um bom desempenho, os três níveis de atenção devem funcionar adequadamente e estar coordenados entre si. A dificuldade atual no atendimento aos cidadãos decorre, principalmente, do funcionamento inadequado da prestação de serviços de saúde, sobretudo na atenção primária, em que pelo menos 80% dos problemas de saúde da população deveriam ser resolvidos. Se esse desempenho não ocorrer, os outros níveis serão pressionados e não terão capacidade de atender à demanda. A atenção ambulatorial especializada deve atender, no máximo, 15% da demanda. Os outros 5% devem ser atendidos pela atenção hospitalar.

Infelizmente, o cidadão não está conseguindo ser atendido corretamente na atenção primária, agudiza e acaba necessitando de atendimento hospitalar ou simplesmente procura atendimento ambulatorial diretamente no hospital. No caso do Espírito Santo, isso acaba sobrecarregando o atendimento hospitalar em 30%, e os serviços ambulatoriais dos hospitais, em 60% a 70%.

Isso provoca filas desnecessárias e um enorme gasto para o sistema de saúde. Há também um grande desperdício na utilização do SUS por parte da população. Cerca de 40% das consultas e 30% dos exames são desperdiçados por absenteísmo e falta de interesse pelo resultado. Também é preciso debater para conhecer as causas desse fenômeno; não podemos, apressadamente, colocar a culpa apenas no usuário.

A judicialização dificulta que o Executivo direcione recursos para organizar a rede de atenção à saúde com foco na atenção primária. Imaginem se os recursos financeiros gastos com judicialização pudessem ser direcionados para organizar a atenção primária e as redes de atenção à saúde?

10) O enorme crescimento da judicialização da saúde nos últimos anos impõe à Secretaria de Saúde um novo desafio na sua gestão, que é organizar sua relação com o Poder Judiciário, o Ministério Público e com a Defensoria Pública, nos âmbitos estadual e federal.

De fato, o volume de processos advindos do Judiciário no Espírito Santo, principalmente nos últimos quatro anos — cerca de 40 mil —, criou a necessidade de mobilizar pessoal, recursos financeiros e organizacionais para atender a tempo e hora as decisões judiciais. Esse não é um desafio de fácil solução, dadas as regras de gestão da administração pública que comprometem a eficiência e a velocidade na tomada de decisão.

Portanto, era de se esperar que houvesse, ao longo do tempo, certa tensão entre os poderes Judiciário e Executivo, em função do volume das decisões judiciais e os prazos requeridos para seu cumprimento, por um lado, e a capacidade do Executivo de conseguir cumpri-las, por outro.

A partir da realização de um diagnóstico da judicialização e do diálogo com vários atores envolvidos sobre o seu impacto para a prestação de serviços de saúde, ficou evidenciado que a superação desse desafio exigiria a elaboração de um projeto dedicado ao tema. Por isso, criamos, no Espírito Santo, um projeto chamado Gestão Estratégica da Judicialização, para desenvolver as capacidades necessárias na Secretaria de Saúde de forma a atender as demandas judiciais nos prazos requeridos. Esse projeto se desenvolveu de 2015 a 2018, com ações nas áreas de pessoal, sistemas, processos e na promoção do diálogo entre o Executivo e os operadores do direito, e seus resultados apontaram que estávamos no caminho certo.

Em 2015, tínhamos um estoque de 10,5 mil processos para serem atendidos; chegamos a dezembro de 2018 com 2,3 mil, marca alcançada pelo aumento de profissionais alocados para essa tarefa, que passou de 19 para 59 pessoas, além de melhorias na informatização, em processos, na transparência das informações, na interlocução com os operadores de direito e com a procuradoria do estado.

11) Embora o número de usuários do SUS que judicializam ainda seja pequeno perto do total de atendidos, já temos consequências importantes na política de saúde, conforme demonstrado neste livro.

Essas consequências evidenciam a necessidade de controlar e reduzir, o mais rápido possível, o crescimento desse fenômeno, tendo em vista o impacto que ele tem na prestação de serviços de saúde à população.

Essa redução só será possível por meio da cooperação entre os órgãos públicos envolvidos e do entendimento de todos de que não há solução fácil e rápida para aprimorar o sistema de saúde. Vai demandar tempo, mas o projeto que estávamos desenvolvendo no Espírito Santo, em parceria com os municípios capixabas, de reorganização do modelo de atendimento do SUS, chamado de Rede Cuidar, demonstrou que é possível melhorar substancialmente o atendimento à população, desde que haja unidade em torno de priorizar os interesses dos usuários.

Não há salvadores da pátria nem há um culpado pelas dificuldades da população no acesso aos serviços de saúde, como parece indicar a judicialização em relação aos gestores. Infelizmente, o problema é mais complexo; é um desafio de ação coletiva que envolve o Poder Executivo, o Poder Judiciário, o Ministério Público, a Defensoria Pública e os próprios usuários.

7.

Planejamento estratégico do SUS estadual

Um dos principais processos de construção de liderança é o de planejamento. Ele tem como resultados a definição dos objetivos da organização, das estratégias e dos projetos que devem orientar o caminho para alcançá-los. É fundamental que essa construção seja feita com ampla participação para permitir o engajamento do maior número de pessoas na difícil tarefa de implementar as mudanças necessárias para melhorar a prestação de serviços públicos de saúde.

A definição dos rumos da política pública de saúde, estabelecidos no processo de planejamento, é fundamental para mobilizar os vários atores externos e internos à secretaria. O engajamento desses atores pressupõe um debate, o qual só pode ocorrer a partir de propostas concretas, com as quais todos possam enxergar os objetivos da política e os caminhos para alcançá-los, inclusive para discordar e propor alternativas. A liderança da secretaria estadual na gestão do SUS se fortalece a partir do momento em que ela apresenta seu plano estratégico e seu compromisso com a defesa dos interesses dos usuários do SUS.

Considerando a importância desse processo de construção de liderança, neste capítulo descrevo alguns dos elementos do planejamento estratégico da Secretaria Estadual de Saúde do Espírito Santo para o período de 2015 a 2018, porque entendo que esse exemplo prático pode ajudar, como *benchmarking*, no planejamento das secretarias estaduais, devido à semelhança dos desafios enfrentados por elas na difícil missão de prestar serviços de saúde à população. Essa formulação estratégica foi resultado de um processo de melhoria contínua, desde o início da gestão.

Para planejar a política pública de saúde sem demagogia ou simplismos, temos que entender o ambiente no qual ela se desenvolve, o diagnóstico da situação encontrada e os problemas que se pretende resolver. Assim, identificamos ameaças e oportunidades e as principais demandas da população em relação à assistência, bem como as principais falhas administrativas e de organização da secretaria.

Os problemas diagnosticados no planejamento não se resolvem a curto prazo. Demandam soluções de longo prazo, que perpassam vários governos, e sua superação é obra coletiva que envolve parceria com todos os municípios, o Ministério da Saúde e vários outros parceiros governamentais e privados. Por isso, a necessidade de construir uma unidade em torno das políticas públicas de saúde, para sustentá-las a longo prazo. Foi esse entendimento que orientou a gestão da secretaria estadual nesse período de governo e possibilitou a formulação e o desenvolvimento de um projeto para reorganizar a rede de atenção à saúde, a Rede Cuidar, com apoio de todos os municípios, e o projeto de qualificação da gestão da secretaria, para sustentar ao longo do tempo a melhoria da prestação de serviços de saúde e garantir que os recursos fossem aplicados com eficiência, eficácia e efetividade no interesse dos usuários do SUS. No entanto, é preciso considerar que os projetos de melhoria de gestão, desenvolvidos pelos entes subnacionais, são limitados pela atual legislação federal que rege a administração pública.

Apesar de a qualidade da gestão ser decisiva para aprimorar a prestação de serviços de saúde, a população não cobra dos dirigentes públicos melhorias na gestão, apenas acesso aos serviços. Como provê-los é considerado uma obrigação dos governantes. Infelizmente, as regras de gestão do setor público dificultam o alcance dos resultados desejados pela população, dentro de prazos razoáveis e com qualidade. Essas regras são formalísticas, focadas em controle de meios, e não valorizam os resultados. Infelizmente, se não houver cobrança da população para mudanças nessas regras, será muito difícil que os políticos se mobilizem para alterá-las, até porque as corporações públicas, beneficiadas por elas, sempre se mobilizam para evitar mudanças e interditar o debate, o que provoca desgaste político. Por outro lado, a grande maioria da população, que depende dos serviços públicos e seria beneficiada por essas mudanças, não se mobiliza para defendê-las. Isso pode explicar, em parte, a falta de prioridade dos governos em desenvolver a qualidade da gestão pública, até porque isso demanda ações de longo prazo, que ultrapassam vários mandatos. Em geral, a estratégia dos governos é a manutenção do foco em ações que viabilizam seus programas.

No planejamento da secretaria, consideramos a necessidade de ter uma estratégia organizada e consistente para qualificar a gestão, e que essa melhoria é obra contínua dos diferentes governos, os quais devem ter como compromisso entregar aos sucessores uma gestão pública melhor do que receberam.

Ambiente externo (síntese)

No caso da política de saúde do governo do Espírito Santo, no período de 2015 a 2018, esse ambiente se caracterizou por uma grave crise econômica, de dimensão nacional — a maior dos últimos 80 anos, segundo os analistas — e com particularidades no estado, como a queda no preço do petróleo, o fechamento da

Samarco, que sozinha representava 5% do PIB capixaba, a crise ambiental provocada pela mesma empresa, que atingiu vários municípios no caminho do rio Doce, e a crise hídrica, considerada a pior da história, que afetou profundamente a agricultura.

Tudo isso gerou uma enorme queda das receitas tributárias e aumentou o risco de descontinuidade na provisão dos serviços públicos de saúde, intensificado pelo crescimento da procura pelo SUS por cidadãos que perderam as condições econômicas de manter um plano de saúde.

Portanto, dado esse ambiente, o primeiro desafio foi evitar que a queda da receita pública interrompesse a prestação de serviços de saúde para a população (fato registrado em muitos estados da Federação). Isso significou manter a rede de hospitais funcionando, o suprimento regular de medicamentos e o pagamento dos servidores e fornecedores em dia.

Superar esse desafio financeiro não foi fácil. Foi preciso que o governador Paulo Hartung garantisse a prioridade na aplicação de recursos orçamentários e financeiros para a saúde, o que teve como consequência o adiamento de muitas obras e projetos em todo o estado. Foi preciso, também, um enorme esforço da área econômica do governo e da própria secretaria no controle de despesas e na captação de receitas.

Diagnóstico da prestação de serviços (assistência e gestão)

A grande demanda da população é pelo acesso aos serviços de saúde, principalmente de média e alta complexidades. O usuário realiza longas viagens, enfrenta uma enorme fila de espera para consultas, exames e cirurgias eletivas. Atualmente, a capacidade de internações nos hospitais que atendem urgências e emergências está aquém da demanda. Por outro lado, para o usuário não importa necessariamente o tamanho da fila, mas o tempo de espera para o seu atendimento. Além disso, não há uma transparência adequada em relação a essas filas, gerando desconfiança no seu gerenciamento e, também, a necessidade de marcar várias consultas para resolver um único problema. Essa grande demanda não expressa necessariamente as necessidades reais da população, em função de falhas de atendimento do atual modelo de atenção à saúde, principalmente na atenção primária.

A atenção primária tem baixa resolutividade e precisa ampliar sua cobertura, principalmente nas grandes cidades. A falta de resolutividade tem feito muitos usuários procurarem atendimento na rede hospitalar para resolver problemas afetos à atenção primária. Estima-se que de 60% a 70% dos usuários que procuram as emergências da rede hospitalar deveriam ter seus problemas de saúde resolvidos na atenção primária. E, também, que 30% dos usuários são atendidos na rede hospitalar por causas sensíveis à atenção primária, ou seja, não deveriam ter chegado lá se tivessem um atendimento correto na atenção primária.

Há uma falta de integração entre a atenção primária e a ambulatorial especializada, prejudicando o fluxo de atendimento do usuário e a troca de informações sobre o seu caso. A cada 1,7 consulta básica, gera-se atualmente uma consulta especializada, quando o esperado era que a atenção primária só encaminhasse 20% da demanda. Isto evidencia uma grande ineficiência e ineficácia nesses serviços.

A atenção ambulatorial especializada (consultas e exames) também tem baixa resolutividade, implicando mau atendimento ao usuário, que precisa marcar várias vezes atendimento para resolver um único problema. Agrava esse cenário um elevado absenteísmo às consultas e exames especializados (entre 35% e 40%).

A atenção hospitalar sofre as consequências da falta de atendimento adequado na atenção primária e ambulatorial especializada. Essas deficiências nos primeiros níveis do SUS têm como consequência a chamada "superlotação hospitalar". Além disso, é preciso aprimorar a qualidade e eficiência da gestão também nesse nível.

Há uma concentração de serviços na Grande Vitória, implicando o deslocamento de milhares de usuários de todos os municípios em direção à região metropolitana, prejudicando sua qualidade de vida. É preciso melhorar a coordenação e a estruturação das redes de atenção, concentrando esforços no enfrentamento das condições crônicas de saúde, principais causas de adoecimento e morte, hoje em dia.

A qualificação da gestão da secretaria é condição necessária para que ela possa exercer seu papel de coordenação do SUS no estado, de controle dos recursos à sua disposição, de inovação, gerenciamento e planejamento.

Há uma centralização excessiva na secretaria em relação à gestão e prestação de serviços de saúde, em detrimento de uma governança regional da atenção à saúde. O governo federal subfinancia a saúde no estado, fazendo com que o governo do Espírito Santo tenha que aportar mais recursos para suprir o financiamento (em 2017, 76% de recursos do fundo estadual de saúde foram supridos pelo estado, contra apenas 24% de recursos federais). O Espírito Santo aplica muito mais que os 12% da receita corrente líquida determinada pela legislação (18,74% em 2017).

As regras de gestão do setor público (administrativas e de controle) levam a uma demora no processo decisório e na execução das ações, prejudicando a qualidade e eficiência na prestação de serviços aos usuários do SUS. Identificamos, também, as principais falhas administrativas e de organização da secretaria: fragilidades no controle de recursos (pessoal, materiais, contratos e almoxarifado) com risco de captura por interesses privados e ineficiência; deficiências na prestação de contas; deficiências no processo de liderança e governança (planejamento, metas, indicadores, monitoramento de resultados, desenvolvimento gerencial, comunicação e informações para decisão); necessidade de ampliar a transparência e falta de uma política de motivação e meritocracia; fragilidades legais e técnicas nos processos de compra (risco legal e de captura por interesses privados).

O processo de compras da secretaria tinha fragilidades históricas, como ausência de informações sistematizadas, inexistência de planejamento das demandas, falta de procedimentos padronizados nas aquisições, especificações técnicas imprecisas, aquisição descentralizada, entre outras, que implicavam processos administrativos frágeis, potencializando contratações emergenciais e antieconômicas e resultando em prejuízos financeiros e de conformidade, além de desassistência aos usuários do SUS.

Plano estratégico

Considerando o ambiente e o diagnóstico da prestação de serviços de saúde, assistencial e de gestão, o planejamento definiu três objetivos estratégicos: aprimorar o acesso aos serviços, aumentar a qualidade dos mesmos e qualificar a gestão. Assim, seriam garantidos uma melhoria na atuação junto à população e o fortalecimento do papel de liderança da Secretaria de Saúde no SUS estadual.

Figura 4
Síntese da estratégia

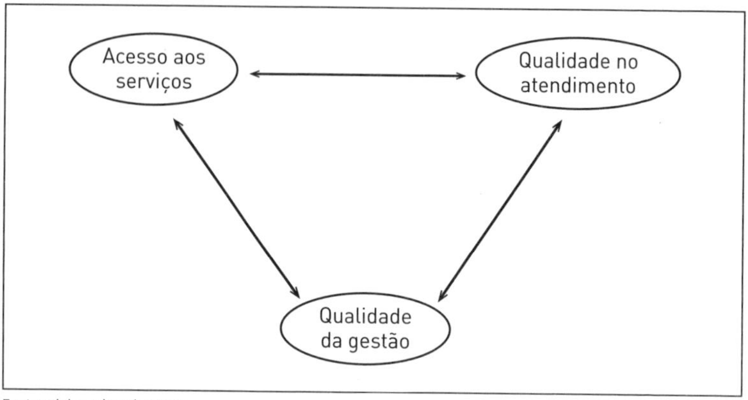

Fonte: elaborada pelo autor.

Para alcançar esses objetivos, foram definidas sete estratégias finalísticas e de gestão:

1) ampliar a oferta por meio de novos serviços e do aumento da eficiência dos atuais: "Mais leitos, mais consultas e exames";
2) aprimorar a qualidade do atendimento assistencial e a transparência na regulação do acesso;
3) melhorar o conforto do cidadão no acesso aos serviços de saúde: eles devem ser humanizados, feitos perto de casa e em ambiente adequado, e deve-se reduzir o prazo para atendimento;
4) melhorar a resolutividade da atenção primária à saúde e da atenção ambulatorial especializada;
5) integrar os três níveis de atenção à saúde: atenção primária, atenção ambulatorial especializada e atenção hospitalar;
6) aumentar o protagonismo do cidadão nos cuidados com a própria saúde;
7) fortalecer a capacidade de planejamento, gestão e controle da secretaria estadual.

Para alcançar os objetivos estratégicos, foram definidos dois projetos estruturantes: a Rede Cuidar, para reorganizar a política assistencial do SUS, e a Qualificação da Gestão, para reorganizar a gestão da Secretaria Estadual de Saúde.

Rede Cuidar

Agregamos nesse projeto todas as intervenções necessárias à política assistencial para ampliar o acesso e a qualidade dos serviços de saúde prestados à população, envolvendo os três níveis de atenção à saúde. A visão integrada do funcionamento do SUS é fator necessário para planejar sua melhoria, isso porque o sistema é único e depende de uma forte coordenação entre os vários níveis de atenção para atender bem à população.

Dessa forma, também fica mais visível e de fácil entendimento, para o público interno e externo, a relação das mudanças em curso nos vários níveis assistenciais, com os objetivos estratégicos da secretaria. Além disso, reforça-se a ideia de que a melhoria da prestação de serviços públicos de saúde é uma obra coletiva, que envolve os três níveis de governo.

O projeto tem por objetivo reorganizar a rede de assistência, tendo em vista aumentar a resolutividade da atenção primária, da ambulatorial especializada e da hospitalar. Essa reorganização tem como diretrizes a prioridade na atenção primária, um novo modelo para tratar as condições crônicas de saúde, a integração entre os níveis de atenção e a regionalização da prestação de serviços. Essa regionalização tem por objetivo fazer com que o usuário seja atendido sem precisar de longos deslocamentos pelas estradas. Também é necessário que a região de saúde se organize para administrar, em conjunto com a secretaria estadual, a prestação desses serviços.

A integração entre os vários níveis de atendimento possibilita organizar o fluxo dos usuários dentro das redes de atenção à saúde. A organização desse fluxo é fundamental para garantir qualidade no atendimento ao usuário. Ele precisa saber como acessar o sistema de saúde e como será atendido, em todos os níveis de atenção. Essa integração também é importante para que as equipes da atenção primária e ambulatorial especializada possam conversar sobre as necessidades de saúde de cada usuário. O que se pretende é uma atenção personalizada, desde o primeiro atendimento do paciente, na unidade de saúde mais próxima da casa do cidadão, até o serviço especializado, garantindo a integralidade do cuidado e possibilitando a redução dos encaminhamentos desnecessários à média complexidade (atendimento ambulatorial), com forte impacto na redução nas filas de espera para consultas, exames e cirurgias.

Um pré-requisito dessa integração é a definição com clareza dos papéis de cada nível de atenção e a definição das diretrizes clínicas para orientar o atendimento e a reorganização das redes de atenção à saúde.

A atenção primária tem de ser a ordenadora da rede de assistência, a porta de entrada do usuário no sistema único. Estima-se que 80% dos problemas de saúde da população podem ser resolvidos na atenção primária. Para aumentar sua resolutividade, é preciso melhorar a gestão das unidades básicas de saúde. Elas devem ter hora marcada para atendimento, atender em horário integral, organizar melhor o serviço de vacinas, cadastrar a população atendida pela equipe de saúde da família, estratificar o risco da população, implantar painel de bordo com indicadores da atenção primária, implantar o prontuário eletrônico, capacitar e motivar os servidores e dimensionar corretamente a força de trabalho.

Em relação à atenção ambulatorial especializada, foi desenhado um novo processo de atendimento com foco nas doenças crônicas e atendimento multidisciplinar. O usuário passa, no mesmo atendimento, por todos os profissionais de que precisa: enfermeiro, assistente social, farmacêutico, nutricionista, preparador físico, psicólogo, médicos (cardiologista, oftalmologista, endocrinologista etc.). Ao fim do atendimento, recebe um plano com todas as orientações para que ele possa realizar o autocuidado. Esse plano será acompanhado, também, pela atenção primária.

Existe um planejamento prévio, entre as unidades básicas e a unidade da Rede Cuidar da região, para organizar o atendimento aos usuários que precisam acessar a atenção ambulatorial especializada. Dessa forma, a unidade da Rede Cuidar se prepara para receber os doentes, porque já sabe a quantidade e a necessidade de quem será atendido.

Para maior resolutividade, as unidades dispõem de capacidade de realização de exames na hora da consulta; se porventura isso não for possível, porque há necessidade de algum preparo ou a unidade não dispõe do exame, o usuário já sai da unidade com o mesmo marcado. Isso elimina aquele vaivém dos usuários para marcar cada atendimento. A unidade da Rede Cuidar é responsável por resolver o problema do usuário no seu nível de atenção; ele não pode sair da unidade sem ter seu problema equacionado. Mesmo que o paciente tenha sido encaminhado pela atenção primária de forma equivocada, a unidade Cuidar fará contato com quem o enviou para orientar o seu retorno organizado à atenção primária. A figura 5 mostra o processo de trabalho da unidade Cuidar responsável pelo atendimento ambulatorial especializado; a figura 6, a relação dessa unidade com a atenção primária. A reorganização da atenção primária e da atenção ambulatorial especializada e sua integração em redes, coordenadas pela atenção primária, foi desenvolvida com metodologias e consultoria do Conselho Nacional de Secretários de Saúde (Conass).

A reformulação da atenção hospitalar estava sendo conduzida pela construção de um plano diretor de hospitais com objetivo de definir o perfil de atendimento de cada unidade, a estrutura necessária em cada região de saúde, o papel dos pequenos hospitais (menos de 50 leitos) e a governança da rede hospitalar. Esse processo tinha como objetivo construir um plano prospectivo para 25 anos, que fosse capaz de orientar toda a organização hospitalar da rede pública e privada para atender às necessidades sociais por saúde.

Em 2017, a Secretaria Estadual de Saúde iniciou a elaboração do Plano Diretor dos Hospitais, em parceria com o Laboratório de Inovação em Planejamento, Gestão, Avaliação e Regulação de Políticas, Sistemas de Redes e Serviços de Saúde do Hospital do Coração (Ligress/HCor) e com o Ministério da Saúde, por meio do Programa de Apoio ao Desenvolvimento Institucional do Sistema Único de Saúde.

A adoção das redes de atenção à saúde como o referencial para a organização do sistema implicou a reorganização do modelo regulatório de acesso aos serviços do SUS. Por isso, foi construído um plano para garantir a transição do sistema de regulação tradicional, focado nas centrais de regulação, no Sistema de Atendimento Móvel de Urgência (Samu) e na centralização dos serviços, para a Regulação das Redes de Atenção à Saúde.

O documento do Plano Estadual para a Regulação das Redes de Atenção à Saúde está constituído por oito eixos:

1) o diagnóstico da capacidade institucional da Secretaria de Estado da Saúde (Sesa) para a regulação das Redes de Atenção à Saúde (RAS);

2) o mapa conceitual para a regulação das RAS;
3) a regulação das RAS;
4) o Plano para a Atenção Primária à Saúde (APS);
5) o Plano para a Regulação da Rede Materno-Infantil;
6) o Plano para a Regulação da Rede de Atenção Psicossocial;
7) o Plano para a Regulação da Rede de Urgência e Emergência com priorização das Linhas de Cuidado do IAM, AVC e Trauma;
8) o Planejamento Regional Integrado para as RAS.

Figura 5
Rede Cuidar

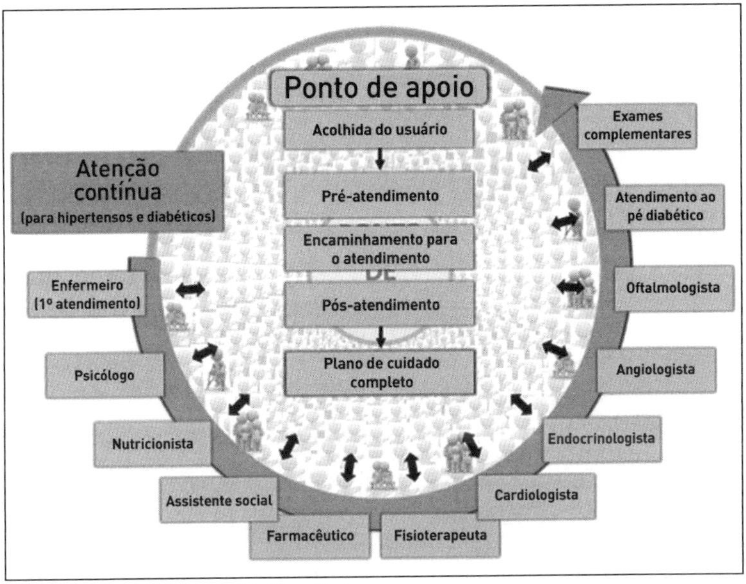

Fonte: elaborada pelo consultor Eugênio Vilaça Mendes.

Figura 6
Fluxo de atendimento da Rede Cuidar

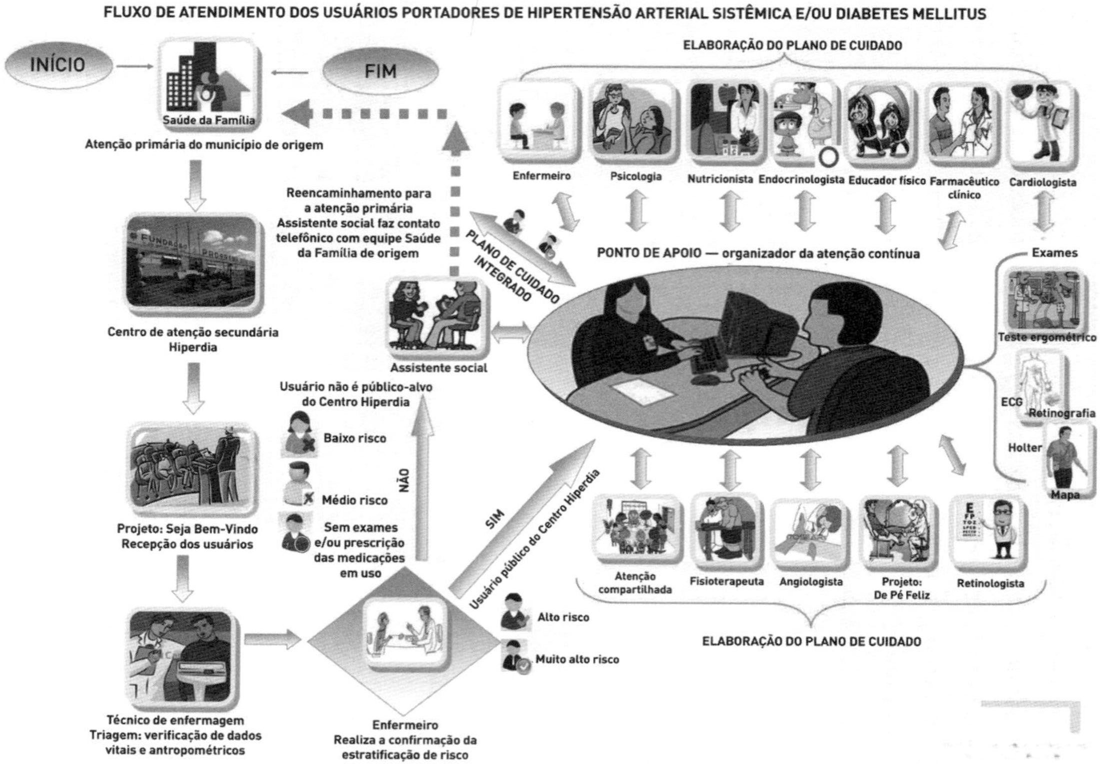

Fonte: elaborada pela equipe do núcleo de regulação da unidade Cuidar Norte.

Qualificação da gestão

A qualificação da gestão do SUS é condição necessária para que a população possa exercer seu direito à saúde. Isso porque esse direito depende da organização da prestação de serviços públicos de saúde em todo o país.

Esse projeto se propôs a desenvolver competências de gestão no âmbito da Secretaria Estadual de Saúde do Espírito Santo, com objetivo de implantar um modelo de gerenciamento eficaz, eficiente e inovador, com foco no cidadão e nos resultados para a sociedade.

As diretrizes estratégicas do projeto de qualificação da gestão consideram os desafios políticos e técnicos da administração do SUS. São elas: garantir a boa aplicação dos recursos do sistema no interesse dos seus usuários; dar sustentabilidade ao processo de melhoria contínua da prestação de serviços de saúde; combater a ineficiência, o desperdício, o clientelismo, o corporativismo e o desvio de recursos públicos das suas finalidades e garantir a legalidade dos atos da gestão.

O SUS precisa desenvolver competências que permitam definir com clareza os resultados da sua prestação de serviços esperados pela população, bem como tomar as providências que viabilizem esses resultados. O modelo de gestão do SUS tem de ser capaz de identificar, a cada momento, as causas da mortalidade e do adoecimento das pessoas e, a partir daí, organizar a prestação de serviços de saúde adequada ao quadro epidemiológico, com eficiência, qualidade e transparência.

O desenvolvimento das competências de gestão requer o fortalecimento da capacidade de planejamento, gestão e controle do SUS, tendo em vista orientar a sua prestação de serviços e garantir a aplicação dos seus recursos no interesse dos seus usuários. Para alcançar esses objetivos, são necessárias as seguintes medidas: profissionalizar a gestão; aumentar a transparência; organizar uma central de resultados que possa acompanhar, mensalmente, os indicadores estratégicos da secretaria; capacitar líderes em gestão; ampliar as parcerias com o terceiro setor; definir uma nova arquitetura organizacional; organizar a gestão de pessoas, processos e projetos; aprimorar a gestão orçamentária, financeira e administrativa; fortalecer a participação dos usuários; fortalecer o planejamento; aprimorar o controle; redimensionar, motivar e qualificar a força de trabalho; implantar sistemas de custos; aprimorar a gestão administrativa; desenvolver capacidade para selecionar e absorver tecnologias de informação e comunicação; e implantar sistemas de informação para controle operacional e apoio à decisão.

Um dos primeiros desafios que tivemos que superar para melhorar o gerenciamento da secretaria foi organizar as informações disponíveis e identificar as necessidades não supridas pelos sistemas de informações existentes. Os dados são necessários para que se possa analisar a situação atual da prestação de serviços e a partir daí medir a evolução dos indicadores e o alcance das metas definidas no planejamento. Como consequência, implantamos vários sistemas para medir o desempenho operacional dos hospitais, dar transparência ao acesso aos serviços de consultas e exames, controlar custos, gerenciar e monitorar planos de ação, acompanhar indicadores estratégicos e gerenciar os processos administrativos.

As ações desenvolvidas para aprimorar a gestão administrativa possibilitaram maior transparência e controle nas compras e contratos, regularizaram a gestão patrimonial, diminuíram gastos e reduziram contratações emergenciais.

A implantação da central de resultados foi decisiva para desenvolver a cultura de gestão, monitorar indicadores, capacitar gestores e equipes, bem como apoiar a realização das reuniões de governança. Essa metodologia de gerenciamento permitiu a definição de 121 indicadores e respectivas metas, e a realização de reuniões mensais de governança nos níveis operacional, tático e estratégico.

Uma ação importante foi a criação da Subsecretaria de Gestão Estratégica e Inovação, com o objetivo de consolidar uma nova cultura, orientada para o alcance de mais eficiência, transparência, inovação e melhores resultados no atendimento à população e na gestão. Essa subsecretaria passou a ser a responsável pelo desenvolvimento das atividades de planejamento, custos, gestão de projetos e processos, qualidade no atendimento e coordenação de projetos estratégicos que envolviam várias áreas da secretaria.

Por fim, o relato dessa experiência específica objetiva incentivar o debate sobre a importância de aprimorarmos a gestão do SUS. O desenvolvimento das competências de gestão das secretarias estaduais é uma política de Estado — pois ultrapassa vários governos — determinante para que esses órgãos possam exercer seu papel de liderança no SUS estadual e decisiva para sustentar o processo de melhoria contínua da prestação de serviços.

CONCLUSÃO

Este livro pretende ser uma contribuição para o debate sobre como melhorar a gestão pública no país, particularmente a saúde pública — tema de grande importância para a maioria da população, principalmente para os mais pobres, que são os principais usuários e, por isso, necessitam de uma administração pública eficiente, eficaz e efetiva. O enfrentamento da pandemia de Covid-19 tem jogado uma forte luz sobre a importância da gestão pública na resolução de problemas da sociedade, seja na manutenção da atividade econômica e emprego, seja na proteção da saúde da população.

Ao longo do tempo, por decisão da sociedade, o Estado foi assumindo funções, como educação e saúde, públicas e gratuitas, e teve que organizar enormes estruturas de prestação de serviços. Essas novas atribuições demandaram cada vez mais competências de gestão no setor público. O desafio de prestar serviços para milhões de pessoas exige a capacidade de gerar regras que possibilitem uma gestão eficiente dos recursos, transparência, para possibilitar o controle social, e qualidade na provisão de serviços. Harmonizar esses objetivos não tem sido fácil e provoca um debate contínuo sobre o aprimoramento da legislação. Hoje em dia, por exemplo, há um reconhecimento de que o setor público precisa desenvolver parcerias com o setor privado e organizações do terceiro setor para melhor desempenhar suas funções.

As dificuldades da administração pública para prestar serviços têm levado muitos críticos a sugerir que ela copie as práticas de gestão do setor privado para aprimorar sua eficiência e qualidade. Neste livro, busquei discutir alguns conceitos que precisam ser levados em consideração quando debatemos esse tema. Antes de tudo, é necessário constatar que os objetivos dos setores público e privado são diferentes: função social no primeiro caso e lucro no segundo. Além disso, as regras de gestão são bastante distintas, como procurei demonstrar, impossibilitando uma comparação entre os dois setores e a cópia de práticas de gestão. No entanto, evidenciei que o marco regulatório administrativo e de controle do setor público precisa ser alterado no sentido de permitir uma prestação de serviços mais eficiente e eficaz. Esses assuntos foram discutidos nos capítulos 1, 2, 3 e 4.

O entendimento sobre o papel do setor público e suas regras de funcionamento é fundamental para o debate sobre a melhoria de gestão do SUS. No entanto, isso não é suficiente. O conhecimento das políticas públicas de saúde — seus erros, acertos e resultados — é determinante para a formulação de uma estratégia geral de gestão do SUS, conforme demonstrei nos capítulos 5, 6 e 7, a partir da minha experiência como secretário de Saúde do estado do Espírito Santo no período de 2015 a 2018. Iniciamos um robusto processo de reorganização do modelo de atenção à saúde, com apoio do Conselho Nacional de Secretários de Saúde (Conass) e da qualificação da gestão da secretaria estadual.

A reorganização que implementamos no modelo de atenção à saúde teve como diretrizes: a superação da fragmentação do sistema entre os níveis de atendimento, o fortalecimento da atenção primária como porta de entrada e coordenadora do sistema, a implantação do modelo de atenção às doenças crônicas, a regionalização da prestação de serviços e a implantação das redes de atenção à saúde.

Em relação à qualificação da gestão, o objetivo foi criar uma cultura baseada em resultados para a população e no aprimoramento do controle e da transparência dos atos de gestão e da prestação de serviços.

O SUS é um sistema; portanto, qualquer projeto de melhoria da sua prestação de serviços precisa partir de um diagnóstico amplo, que considere a adequação dos seus serviços, o financiamento e gestão, o ambiente no qual ele se insere e os vários atores que interagem com ele segundo seus interesses. Além disso, há dois fatores importantes a serem considerados: a epidemiologia e a demografia. Foi essa a visão que procurei registrar neste livro.

Por fim, ressalto que o SUS é uma das mais importantes políticas de inclusão social do país, e os seus problemas de financiamento e gestão são passíveis de solução, conforme pude constatar. Para que isso ocorra, é preciso que o governo federal organize um processo de interlocução transparente com todos os interessados no tema, públicos e privados.

BIBLIOGRAFIA

Para quem quer se aprofundar na temática do SUS, o Conselho Nacional de Secretários de Saúde (Conass) tem um conjunto de publicações de alta qualidade. Relaciono, a seguir, algumas delas. Todos os textos estão disponíveis, gratuitamente, no site do Conass (www.conass.org.br).

Conass Debate

"O futuro dos sistemas universais da saúde", 22 mar. 2018.

"Governança regional das redes de atenção à saúde", 5 dez. 2016.

"Inovação na atenção ambulatorial especializada", 31 ago. 2015.

Conass Documenta, n. 31

"Planificação da atenção à saúde: um instrumento de gestão e organização da atenção primária e da atenção ambulatorial especializada nas redes de atenção à saúde", dez. 2018.

Coletânea Direito à Saúde

V. 1: "A institucionalização do direito à saúde" (2018).

V. 2: "Dilemas do fenômeno da judicialização da saúde" (2018).

V. 3: "Boas práticas e diálogos institucionais" (2018).

Revista Consensus
"Planificação da atenção à saúde", p. 18-25, abr./maio/jun. 2019.

Outras publicações
"O cuidado das condições crônicas na atenção primária à saúde", de Eugênio Vilaça Mendes (Opas, 2012).
"As redes de atenção à saúde", de Eugênio Vilaça Mendes (Opas, 2011).
"A construção social da atenção primária à saúde", de Eugênio Vilaça Mendes, Marco Antônio Bragança de Matos, Maria José de Oliveira Evangelista e Rúbia Pereira Barra (Conass, 2020).
"O desafio do SUS", de Eugênio Vilaça Mendes (Conass, 2020).